尺ヤマメ30尾を1シーズンで釣ったら見えたこと

千島克也

つり人社

はじめに

小学校低学年の時、実家から徒歩10分の浦山川で私はヤマメに初めて出会った。まだ自分のサオもなく、父の4・5mグラスロッドをこっそり借りて行った。エサは冷蔵庫にあったイクラで、これも父が週末使うために保存していたのだろう。ヤマメはいつもたくさん釣れて、たまに釣れるニジマスのほうが私には貴重だった。ある日こっそりイクラを使い込んだことが父にバレてしまい、その後はワカサギ等に使われるサシをエサに渡されたが、それでもヤマメはたくさん釣れるほど魚影は多かった。

しかし中学生になると本格的に浦山ダムの工事が始まり、水質が悪化してたくさんのヤマメが浮き上がった。中には今まで見たことがないような大きな死骸もあった。それは鼻が曲がり、まるでサケのような姿をしたヤマメであった。

「こんなすごいヤマメがいるんだ」。あの時の記憶は今も鮮明なままである。

高校生の時、月刊『つり人』の記事で、実家近くを流れる荒川で大きなヤマメが釣れることを知った。そこから私の大ヤマメを夢見る本流釣りへの挑戦が始まった。

最初は右も左も分からず6mの渓流ザオで挑んだ。学校が終わると原付バイクで川へ行き、川虫を採取して夕暮れまでサオを振った。当時の荒川は、本流でも渓流のような落差で大石がゴロゴロするポイントもあり、6mザオでも充分探ることは出来たが、アユ釣りの人にザコ釣り呼ばわりされたこともあるくらいヤマメをねらう人は少なかった。

大ヤマメをねらっているものの、25㎝前後は毎回釣れるが本命は一向に掛からない。誰にも釣り方を教えてもらえず一人で努力した日々。初めての尺ヤマメは本流ではなく、荒川上流の支流、中津川のさらに支流のゴルジュ帯であった。この1尾が始まりとなり、荒川本流でも尺を超えるヤマメに出会えるようになった。社会人になると毎週末各地の河川でサオを振り、今までに約30河川で尺上ヤマメとの出会いがあった。そして現在は「尺上30尾、40㎝オーバー1尾以上」を1シーズンの目標に釣行を続けている。

大ヤマメの魅力、それはエサに食いついてからの強烈な引き。やり取り時、水中でギラギラ輝く美しさ。そして釣りあげてからの面構えや迫力。掛かってもハリが外れたりイト切れ等で簡単には手に出来ない、「やるかやられるか」の緊張感もたまらない。出会えば出会うほど奥の深さが見えてくる大ヤマメ釣りの世界。読者の皆様も本書でその魅力を感じ取り、実際に大ヤマメを手にして、言葉にできないあの感動を共有して頂ければ著者としてこれに勝る喜びはない。

目次

1章 大ヤマメ釣りの世界

2018尺上ドキュメント

BOOKデザイン　佐藤安弘（イグアナ・グラフィックデザイン）
地図・イラスト　堀口順一朗

1章

大ヤマメ釣りの世界

2018尺上ドキュメント

ごあいさつ

私が生まれ育った土地は埼玉県秩父市。自宅の近くにはヤマメが生息する川がある自然豊かな地域です。初めて釣ったヤマメは当然地元の川でした。鮮やかな色合いがとても美しく、時にはいかめしい、怖い顔ももつヤマメ。そして掛けるまでの難しさや引きのよさが楽しく魅力的であり、30年以上経った今でもヤマメを追い求めていますが、20年ほど前からは本流大もの釣りにどっぷりはまってしまいました。数年前まではシーズン中、仕事前に地元荒川で大ヤマメを毎朝のようにねらっていました。あまりの楽しさから寝不足な日々が続き、夏の終わりに体調を崩して1ヵ月ほど寝込んでしまったこともありました。

川にいないと気持ちが落ち着かない私でしたが、仕事の関係で数年前に秩父を出てからは週1～2回の釣行しか出来なくなりました。サラリーマンなので休みは限られていますが、その少ないチャンスを生かして各地の川に足を運び、何も情報のない状況から、いかに大ものを釣るかをテーマに釣りを組み立てています。

私の毎年の目標は「5河川以上でシーズン尺上30尾、40㎝オーバー1尾以上」。そして「限界釣越」をモットーに掲げ、自分の目標を越えることが出来るか？　頑張りたいと思います。おかげさまで近年は目標をクリアし続けており、尺上50尾という年もありましたが、今回は釣行記を執筆するにあたり、釣らないとよい記事が書けないなんてプレッシャーも感じています。はたしてどんなシーズンになるのか。

それではみなさん、２０１８年釣行記の始まりです。シーズン最終日までお付き合いよろしくお願いします。

3/18 中津川支流
生まれて初めて尺ヤマメを釣ったゴルジュの渓。その時の感動が今でも忘れられず、私の渓流シーズンは毎年ここから始まる。この日もかわいいヤマメが顔を見せてくれた

3月

尺は尺でも

3月18日（晴れ）／中津川支流

2018年の渓流釣り解禁から2週間、私は少し遅れてシーズンインを迎えた。朝6時起床、1時間車を走らせて向かった先は埼玉県秩父市内、私の故郷だ。

市街地はずれの荒川で、まずはエサとなるピンチョロを採取した。今年は大寒波の影響か、水温が例年より低く感じられる。ピンチョロもかなり小さめである。水温が低いと、冬の間にヤマメはエサをあまり捕食しない気がする。すなわちヤマメの成長に影響を及ぼす可能性もある。近年大型ヤマメが釣れるのは温暖化のせい？　などと考えながら最初に釣りをする川を選んだ。行き先は生まれて初めて尺ヤマメを釣ったゴルジュの淵。今から25年ほど前になるが、その時の感動が忘れられず毎年初期にサオをだす。ゲン担ぎとでもいうのだろうか、とにかくこのポイントでサオをださないとシーズンが始まらないといった感じなのだ。

その川は秩父市大滝を流れる中津川の支流である。市

街地から車をさらに約1時間走らせ、ゴルジュの淵に到着してサオを振る。すぐさまピンシャンのヤマメに出会うことが出来た。小型だが美しい姿を写真に収めた。

その後数尾のヤマメを釣りあげ、本流の荒川へ向かった。あちこちポイントをチェックしながら長瀞町まで下ってきてサオを振る。このエリアを選んだ理由は、秩父漁協管轄内では最下流部で水温がもっとも高くなるからだ。玉淀ダムから遡上する大ヤマメもねらえる。ここでは川の中に手を入れクロカワ虫を採取した。気温は16℃あるが思った以上に水温が低く、手が痛くなる。この状況ではまだ厳しいと判断するも、サラリーマンの私には土日しか休みがない。状況が悪くても川に立てることが幸せと思い、しっかりサオを振った。

緩い流れに小さくライズ。サオを振り込み仕掛けを流すと目印が止まった。ぐっと押さえ込むこの感触はアタリだ！　合わせると8mの本流ザオ DAIWA琥珀本流ハイパードリフト サツキ80SRが胴まで曲がる。水中で白銀の魚体がローリングしているように見えた。この動きはヤマメだ！　そう感じた私は慎重にやり取りをした。ミチイトは0・4号、無理は禁物である。充分に弱らせて寄せにかかったが、魚を見て力が抜けた。相手はニジマス。それでも楽しませてくれたのでしっかりタモ入れすると30㎝を超えるピンシャンであった。

そう簡単に尺ヤマメには出会えない。だからこそ大もの釣りには夢がある。9月末までどんな出会いがあるのか？　どこでどんな失敗が待ち構えている？　期待と不安が入り混じるシーズンが今年もスタートした。

4月
ライズはチャンス

4月3日（晴れ）／荒川

今年は桜の開花がとても早い。冬は猛烈な寒波により、各地の氷上ワカサギ釣り場が早々に解禁していた。ところが3月になると一気に気温が上昇し、20℃を超える日も多く足早に春を迎えた。

こうなるとヤマメもいっせいに動き出すはずである。今日は有給休暇をいただいており、10時くらいまで時間に余裕がある。地元荒川の様子が気になるので1時間ばかりサオをだしに向かった。行先は長瀞地区。毎年春先になるとヤマメがたまり頻繁にライズするポイントがあり、今日もやはりライズしていた。なぜエサ釣りなのに

4/3 荒川・長瀞地区
ライズを確認して釣ったスモルト系の個体

4/7 荒川
この日はピンチョロ採りに出かけたのだが、ついでにサオをだすと20㎝前後のヤマメがポンポン釣れた

ライズの話をするのかというと、ヤマメがいるサインとなるからだ。水中のヤマメが見えることは通常少なく、アタリがないと存在すら感じられない。だからライズはチャンスなのだ。しかも多数いる感じ！　そしてすぐにヒットした。24㎝ほどのスモルト系の個体だ。

その後も間を置かずにヒットしたが、まだ季節は春、やっとエサを取りに出てきたヤマメをいじめてしまうと後に響くため（警戒心が強くなりエサを食べずサイズアップしなくなる）、30分ほどでサオをたたんだ。

ヤマメはいつもより多く感じた。今シーズンは期待できるかも？

イトの太さに関するアレコレ

4月7日（曇り）／荒川

朝の気温は10℃ほど、先日の陽気はどこへやら。今日は翌日の月刊『つり人』取材準備で秩父へ川虫採り。エサはもちろんピンチョロである。水たまり等に多く生息するピンチョロは簡単に採取できるのですぐ用は済んだ。荒川の流れに目をやると、水色は最高だ。ちょっとだけサオをだそうとベストを着て7mの本流ザオ片手にポイントへ。サオを伸ばし仕掛けを作ろうとイトを取り出すと、0・6号と1号しかない……やっちまった。

まあ様子が分かればよいので0・6号でチャレンジ。するとイトが太くてもヤマメが釣れる釣れる。18～24㎝が短時間で5尾。イトが細ければもっと釣れる？　なんて思ったが、エサ優先で流せばヤマメにイトは見えていないはず。問題はイトとオモリの関係か？　バランスが取れていれば太イトでも馴染むはず？　考えれば考えるほど難しい……。

人生初のヤマメエサ釣りをアシスト

4月8日（晴れときどき雪）／南相木川

月刊『つり人』の取材で長野県南相木川へ。今回は女性タレントに渓流釣りを教える役だ。サオは川の規模を考えて扱いやすいDAIWAプライム テクニカルチューン55を選択。イトも太すぎず細すぎずのナイロン0・3号。ガン玉3号にエサはピンチョロ。

最初はサオの振り込みに手こずっていた女性タレントもコツを飲み込んできた。頃合をみて、仕掛けにテンションが掛からないようにサオを操作することをアドバイス。これでエサが自然に流れ、ヤマメが警戒心なくエサを食べにくる。するとアタリがきて合わせたが、タイミングが外れてハリ掛かりしなかった。今度アタリがあったら、エサを食い込ませるためにワンテンポ遅らせて合わせるようにとアドバイスする。

その後、数回仕掛けを流しているとまた当たり、今度はハリ掛かりした。ヤマメが水面から飛び出さないようにゆっくりサオを引き寄せてと伝える。勢いよくやると水面付近で暴れてしまい、バラシの原因になる。彼女は優しくしっかりとヤマメを足元まで寄せ、タモ入れに成功した。人生初のエサ釣りチャレンジでヤマメを釣っていただけて本当によかった。

ちなみに私もサオをだし、ピンシャンの25㎝超えのアマゴが釣れてラッキーだった。魚はコンスタントに釣れたのでよかったが、実は朝はまさかの雪。日中も気温は5℃しかない。ところが渓魚の活性はかなり高め？　寒い日は釣れない春のセオリーはどこにいったのか。

表層ねらいで連続ヒット

4月14日（晴れ）／荒川

秩父でヤマメをねらう。場所は実家近所の荒川。浦山川の合流点からやや上流、短い区間に石がゴロゴロと入る瀬があり、この季節はよくヤマメが釣れる。DAI

4/8 南相木川
女性タレントのコーチ役の取材。空き時間に自分でもサオをだすと25㎝超えのきれいなアマゴが出た。朝はまさかの雪、日中も気温は5℃なのに魚たちは元気!?

4/14 荒川・浦山川合流上流
羽化した虫に意識が向いているヤマメねらいで緩い流れの表層を釣る

WAエキスパート テクニカルチューン70にイトは0・2号。ガン玉3号と軽量オモリを使い、瀬尻など緩い流れの表層を探るとアタリが多い。エサは表層から10㎝ほどしか沈めていない。この季節は水量が少ないので、ヤマメは羽虫などの浮いているエサを捕食することが多く、上を向いているからである。

水深30㎝に満たない瀬からもアタリがある。活性はよく、1時間半ほどの釣りでヤマメ10尾オーバーと絶好調。その後、秩父市内に移動すると25㎝の良型ヤマメがヒットした。今シーズンの荒川、好調かも？ 明日の釣り大会に備えてエサのピンチョロを採取して11時に帰宅した。

釣り大会に参加

4月15日（雨のち曇り。強風）／那珂川

栃木県那珂川で「那珂川渓流バトル2018」という大会があり、荒川銀影会メンバーの黒沢くん、福島くん、小山くんと参加した。当日の天候は午前中雨の予報で風も強まるという。

まずは予選会。那珂川のポイントはよく分からず、初めて入るエリア＝板室温泉付近に向かった。「例年どおりならヤマメが多いんだけれど」と黒沢くんはかなり苦戦気味。私は20㎝前後のヤマメ7尾の釣果。彼は淵に泳ぐヤマメをねらいすぎたのではと私は勝手に思っている。

予選は2尾重量で競うのでサイズのよさそうなものを検量に持ち込むと、190gでなんとか予選突破。福島くん、小山くんも予選突破できたが黒沢くんは残念であった。ここで90名ほどの参加者の中から30数名まで絞り込まれ、そして決勝。会場から上流1㎞地点まで徒歩で移動して挑んだものの、上流エリアに入った人はみな撃沈。福島くん、小山くんも×。ポイントが悪いからと言い分けをしてしまったが、ポイント選びも腕のひとつである。ちなみに優勝者は下流域に入り8尾の釣果。

終了後、皆さん口を揃えて言っていたのが「今年は上流にヤマメがいないんだよね～」。下見なしで挑んだ大会の釣り。まだまだ勉強が足りない。

美しいヤマメに癒される

4月21日（晴れ）／入川

この日は各地で夏日の予報で秩父は30℃（！）。冬は大寒波で騒がれていたのに、やはり温暖化の仕業であろうか。秩父上流域のヤマメも活性が上がると思い、荒川最上流部の入川まで足を運んでみた。入川下流部には渓流管理釣り場があり、ここに駐車（有料）して林道を歩きポイントを目差した。山間には山桜が満開、木の芽もまだまだ柔らかな色合いで遅い春を感じた。

管理釣り場上流の境目から入渓。気温が上がり水温も上昇。ヤマメの活性は高いのだが水量がなく、淵尻の流れで羽虫を待っているのか泳ぐ姿が丸見えである。DAIWAエキスパート テクニカルチューン70に4ｍほどのチョウチン釣りに近い仕掛けをセットし、ガン玉5号の極小オモリで仕掛けを浮かして流す。エサのピンチョロは尻部にチョン掛けして泳ぐしぐさが出来るように心がける。

川の規模に対して7ｍのサオは長すぎる。だが仕掛けを短めにセットすることで上部にせり出す木の枝などに引っ掛ける心配が減るほか、細かなポイントへのアプローチも操作性がよいので楽に振り込める。またポイントから離れたところからアプローチできるのでヤマメに警戒されずにすむ。このような方法で見えているヤマメがポンポン釣れた。チョウチン釣りでヤマメがヒットした場合、私はサオをたたむか短く持ち、取り込むように

4/21 入川
山間の渓にも春が訪れ、本来の美しさを宿したヤマメとの出会いに心から癒された

心がけている。

このエリアで釣れるヤマメは本当に美しい。パーマークの間が赤く染まり、なんともいえない色合いに本当に癒《いや》された。今年も天然野生のヤマメに会えて満足。次週はGW、そろそろ水温も上がってきたので本流大ヤマメねらいをスタートさせたいと思う。

シーズン初の尺ヤマメの後に

4月28日（晴れ。風強い）／渡良瀬川

サラリーマンである私には待ちに待ったGW初日！　釣りをするためにはありがたい大型連休だ。この時期、例年であればぼちぼち本流で尺ヤマメが釣れるタイミングになる。過去の実績からいろいろと考えた挙句、尺ヤマメに出会える確率が高い群馬県桐生市を流れる渡良瀬川に足を運ぶことにした。

自宅を4時に出発して桐生市には5時15分頃に到着。最初に向かったのは実績の高い松原橋。ニセアカシアの花が満開となりよい香りが漂う中、エサのクロカワ虫を採り、仕掛けをセットした。今日のタックルはDAIWAプライム本流 硬調85、イトはDAIWAタフロン速攻0・5号、ハリはマス6号を使う。

私はマスバリが大好きで好んで使用している。このハリの形状はキツネ系で、チモトとハリ先の位置関係により、合わせた時のフッキング力が強くハリ掛かりしやすい。ちなみに、袖系のハリはチモトとハリ先の位置が直線ではなく開いている。ハリ先がやや寝ていればよいが、ストレートだとフトコロが開きやすくハリ先にかかる力が分散されてしまいフッキング力が低下しているような気がする。これはあくまでも私の理論で絶対ではないのだが……。

松原橋から下流150mほどからサオをだした。ここは川の真ん中に直径1mほどの岩があり、2本の流れとなる。どちらの流れからも尺超えのヤマメを釣りあげたことがある実績ポイントだ。丹念に仕掛けを流す。いつもなら、この辺りでヤマメがエサを食ってくるはず。しかし、いくら流せどもアタリはなし。そこで松原橋上流の瀬に移動。本流マンであれば一目見て好ポイントと分かるほどの流れだが、ここでもアタリを出すことが出来なかった。

時間は7時を過ぎたところ。車で昭和橋下流300mのポイントに向かった。右岸側が護岸され、その下流には消波ブロックが入る。水深のある瀬が続き好ポイントが連続するエリアである。水中の石周りを丹念に仕掛けを流す。2時間程は粘っただろうか、一切アタリがないのである。

少しずつ焦りが出てきた。そして、普段なら釣り人が多いはずの渡良瀬川に今日はなぜか1人も姿を見ないままだ。いろいろと考えてしまう。魚がいない？　釣れてないから人がいないのか？　このままではアタリも感じないままお手上げになってしまう。

さらに上流へ移動して桐生大橋の下流にある長い瀬をねらうことにした。桐生大橋下流は500mほど瀬が続くエリアだ。瀬の中に出来る溝、石周りに大型ヤマメが付くことが多く、桐生エリアでも一番実績のあるポイントである。

川の流れを読みながら一筋一筋、丁寧に仕掛けを流す。瀬の中にウケのあるポイント（瀬尻などによくできる）は特にヤマメが付いていることが多く、見逃さないように注意しながら釣り下った。この流れにはいるだろう！と何度つぶやいただろうか、300mほど釣り下ったが、ついに「過去の思い出に裏切られてしまった！」。いつもなら絶対にアタリのあるポイントだったが残念である。過去の実績はあくまで実績であり、釣れる保証かと

4/28 渡良瀬川・桐生大橋上流（写真上下）
この時期、例年であればぼちぼち本流で尺ヤマメが釣れるタイミングになる。
大型連休はその意味でもありがたい

今シーズン初の尺ヤマメを釣り、さらなる
やる気が満ちてくる

4/28 渡良瀬川・桐生大橋上流
「まだ何かある」の予感に導かれて出会いを果たした42㎝ヤマメ。サクラマスのように輝く白銀の魚体であった

いえばそうではない。それを物語る瞬間であった。

11時を過ぎ、最後に桐生大橋上流のトロを釣って終わりにすることにした。この日は例年より水量が多く、大きなポイントでは85のサオでも届かないので腰まで浸かって振り込んだ。水深2mほどの流れが弱くなる付近をねらう。強風で仕掛けがうまく流せない中、手元に小さくコツッと感じる。本日初のアタリだ。両手で持つ本流ザオをしっかり合わせるとヤマメの手応えが伝わってきた。底に向かって走りながら抵抗するがサオのパワーが上回り、30秒ほどのやりとりの末にタモに入れた。31cm、今シーズン初の尺ヤマメを釣ることが出来た。

この1尾でやる気の出た私は、さらなる出会いを求めてサオを振った。先に述べたが水量が多く届く流れは限られている。そこで流れ込みに移動して再度サオを振るとアタリがきた。合わせると、底付近で首を振るような手応えがサオに伝わる。これは大きい！　0・5号なので慎重にやり取りをするつもりであったが、魚は下流に向けてすごいパワーで泳ぎだした。私はすかさずサオを絞り引きに耐えようとしたが、一気にテンションがなくなりミチイトが宙を舞った。もしかしたらニジマス？だったかもしれないが、切られたことはショックだが、なぜか清々しい気持ちになれた。

エサもなくなりそろそろ終了しようかと思ったが、まだ何かあるような気がしてならない。チャンスが残っているのではないだろうか。そう感じた私は再度クロカワ虫を採った。そして仕掛けを0・5号から0・6号に変更。本当なら0・8号か1号に張り替えたいのだが、こんなシチュエーションは考えてもみなかったためポケットには0・6号しか入っていない。

少々心細く感じながら仕掛けを張り替え、まだねらっていない流れに仕掛けを流す。10投ほどしただろうか、目印が一気に水中へ引き込まれ手元にグンッと手ごたえが伝わり合わせると、白銀の魚体がギラギラとローリングするのが見えた。これはデカイ！　サオを絞り込むと魚が走り出した。私は腰まで立ち込み身動きが出来ないので、イト切れを防ぐためサオ尻を持つ右手を水につけてサオが大きく曲がるようにして絞り込んだ。強い引き、このままでは切られてしまうか？　不安がよぎる中、魚が水面から顔を出し、首を振って抵抗した。この時思わずサオのテンションを緩める人が多いが、私は魚の顔を持ち上げたまま空気をたっぷり吸わせた。そして抵抗が弱まった瞬間、右手を大きく突き上げて魚に主導権を渡

4/29 荒川・長瀞地区
エサ採りのついでに、ライズのあるポイントで誘いをかけて表層を流すと4尾の良型がサオを曲げてくれた

さないまま強引に寄せた。タモに収まったのはサクラマスのように輝く42㎝のヤマメであった。
釣り人生の中で最も早い時期に釣れた40㎝オーバーのヤマメだったので喜びも倍増だが、季節はまだ4月。今シーズンはどうなってしまうのか？　夢と希望と不安でいっぱいになった一日だった。

ライズを釣る

4月29日（晴れ）／荒川

翌日は新潟までイワナを釣りに行く予定である。そこで14時になるとピンチョロを採りに出掛けた。向かった先は長瀞町を流れる荒川。岸寄りの浅く緩やかな流れにピンチョロはたくさんいて、ひとすくいで50匹は取れるほどである。

100匹ほどピンチョロを採ったところで少しサオを振ることにした。長瀞エリアは大場所が多いので9・5mの本流ザオを使用した。大きなトロの中で数尾のヤマメがライズしている。ピンチョロが表層を流れるように仕掛けを流し、ライズのあるポイントで仕掛けを一瞬止める。エサにブレーキをかけるイメージである。ちょっと変化を付けるとヤマメは反射的に食ってくる。そして、

ヤマメがヒットしたら一気に引き抜くとほかのヤマメに警戒されずにすむ。私は表層を泳ぐヤマメにはこのようなアプローチを心がけている。

この日は泣き尺を含む4尾の良型がサオを曲げてくれた。サイズも徐々に大きくなってきた。荒川のヤマメも間もなく尺を超える可能性がある。しかし、不安な点もある。2017年は台風の影響で下流の玉淀ダムの水門が2回開いた。水門を開くとダムの中にいたヤマメが下流へ流されてしまい、ダムにヤマメのストックがなくなる。荒川の戻りヤマメが釣れる条件、それは前年度に台風等によって玉淀ダムの水門が開かないことなのだ。この法則は20年ほど前に知った。今年は果たしてどうなるか……。

イワナ釣り遠征

4月30日（晴れ）／三国川

雪代がピークの新潟県魚沼の渓に、イワナを求め埼玉・栃木・長野・東京からワカサギ釣り仲間7人が集まった。埼玉の本庄市を4時出発。関越道を1時間半も走れば新潟県魚沼地区に到着である。塩沢石内ICで下車、そこから魚野川支流三国川へ向かった。

今回はエサ釣り、ルアー、フライと各々さまざまな釣り方なので、比較的平坦な流れの三国川を選んだのだが、思いのほか水量が多めである。まず小川地区に入渓したが、このエリアも案の定水量が多い。ガンガン瀬で魚が居着けるタルミはほぼない状況ではあるがサオをだす。するとアタリがありヤマメが釣れた。25㎝の良型、しかし成魚放流された魚だ。

その後はアタリがなく下流へ移動。橋直下が長い堰堤となり、その下流はまたしてもガンガン瀬だがあちこちにタルミがある。このエリアなら魚が居着けるはず？と判断してサオをだした。

ガンガン瀬の中に消波ブロックが入り水深のあるポイントをねらう。消波ブロックがウケとなり、いかにも大ものがいそうなポイントである。エサのピンチョロを2匹掛けにして第1投。ガンガン瀬の際に仕掛けを振り込み、少しずつタルミに仕掛けが馴染むようにサオを操作し、仕掛けを立てて一気に沈め底をねらう。するとその直後に目印が止まった。サオを軽く上げると、まるで根掛かりのような感触が伝わってきた。これはもしかして？　半信半疑で合わせるとＤＡＩＷＡエキスパートテクニカルチューン70が大きく弧を描いた！　この重量

4/30 三国川
上＝雪代で増水したガンガンの流れに入られないようにサオを操作して大ものとやり取りする。下＝魚野川から遡上してきたと思われる45㎝のイワナ

4/30 三国川
本流育ちならではのたくましさ

感、このトルク、間違いなく大ものである。イトは速攻0・5号の通し仕掛け。通常、イト切れの心配はないが、ガンガン瀬に入られたら簡単に切られてしまう。ガンガン瀬に入られないようにサオを操作し、2～3分のやり取りが続く。底に力強く泳ぎ抵抗する魚の姿が確認できた。イワナである。そしてでかい！　釣り人はヒットした魚が大きいと知ると大抵あわててしまい、急いでイト切れやバラシの原因となる。私も数多く失敗してきた……しかし、この大イワナは絶対にタモに収めたい。

右手にサオ、左手にはタモを持つ。右手を大きく突き上げて冷静に大ものを見つめ、その時がきた。グネングネンと抵抗していたのが収まり、私に参った！　とイワナが目で合図を送った。この瞬間を見逃さず一気にタモに入れた。渓流のイワナと違い太く、尾ビレが大きい。魚体や体色も美しい大イワナの全長は45㎝であった。恐らく、雪代につられて魚野川から遡上してきたと思われる。しばし大イワナを撮影してリリースした。

朝から大満足の一日であった。

その後は登川や魚野川で夕方までサオを振ったが、イワナ、ヤマメが数尾釣れたのみ。他のメンバーはルアーには反応がよかったが、フライは厳しい結果で終わったようである。全員に釣果があればよかったのだが、私のポイント選択ミス。何となく後味が悪い気が……。

地元の名物へぎそばも美味しくいただいた

3～4月を振り返って

2018年冬は大寒波で気温が低く、春の訪れは遅いと思っていた。また昔は3月1日解禁から渓に立つことが多かったが、ここ数年はもうひとつの楽しみであるワカサギ釣りを3月に入っても続けている。そのため3月中旬過ぎに少し遅いシーズン入りとなったわけだが、気温が急激に上がり一気に春の陽気の日々が訪れた。それでも解禁当初の水温は低めで流れも細く、エサの流下も少ない。岩陰に隠れていたヤマメたちはサビが残り、体力も回復せず、やせ細った魚体が目立つ。例年どおりのコンディションである。気温が上がっても水温が上昇しなければ、渓流のヤマメの活性は上向かないものだ。

ところが本流のヤマメたちは活性が上がるのが早かった。周囲が開けている分、渓流よりも日差しの影響を強く受けて水温上昇が早かったのだろう。地元荒川ではエサのピンチョロ（フタオカゲロウ）が大量に孵化し、ヤマメがピンチョロを求めていつもより早く流れに出てきてどんどん捕食するので、初期からコンディションのよいヤマメが釣れた。ただ一方では昨年の台風の影響も大きかった。川底の石が流されて砂地が増え、水深のあったポイントも砂で埋まり浅くなったところが少なくない。川の状況は悪いが、いつもよりヤマメが多い気がするのでこれからのシーズンに期待したい。

春の訪れが早かったことから、他の本流でも水温は例年より高い傾向にあり、気の早いヤマメが遡上を始め、4月末には40㎝を超えるヤマメを釣りあげることが出来た。4月の40㎝超えは今までの最短記録である。その数日後、新潟県三国川で釣りあげた45㎝のイワナもうれしい出会いであった。

今回本書を執筆するにあたり、とにかくよい魚を釣りたい気持ちでいっぱいである。幸先よく大ものが釣れてくれてほっとした（笑）。まだ大ものシーズンはこれからなので、この好調を維持して来るべき大ものシーズンに繋げていきたい。

5月

驕《おご》り

5月1日（晴れ）／荒川

夕方1時間のみ秩父市内の荒川でサオをだした。いつも釣れる瀬でサオをだせば簡単にヤマメに会えるはずとサオを振るが一切アタリがない。そのうちに上流50ｍでライズ発見。仕掛けを流すと2投目でヒット、なかなかのサイズである。サオを立てて強引に寄せてタモ入れとも考えたが、よい引きなので少しやり取りを楽しもうと甘い考えを持った瞬間、フッと軽くなった。取れるはずのヤマメをバラしてしまったのである。命がけで抵抗しているヤマメに遊び心の自分。真剣さが足りずこの結果となった。今シーズン初ボウズである。

ハリ形状

5月4日（晴れ）／荒川

ＧＷ終盤戦。かなり叩かれている荒川へ。こういう時は人があまりサオをだしてなさそうなエリアまで歩くことが大切だ。今回もピンチョロエサ、サオはＤＡＩＷＡプライム 本流硬調85。イトはＤＡＩＷＡ速攻０・４号、ハリは袖タイプ。先日釣行では袖よりキツネ形状が好みと記したが、前回のバラシからハリ形状を変えてみた。

一日やった結果は、10打数4安打、最大は27㎝のヤマメ。バラシが6尾。ハリを変えて分かったことは、袖タイプはハリ先が長く、ヤマメがエサを食べると口の中に真っ先にハリ先が当たるせいか手元にアタリが伝わりやすい。だがそのぶん違和感を覚えてエサを放すのが早く、食い込みが悪く、バラシの原因につながっている感じがあった。ハリを小さくすれば違和感は解消されるかもしれないが、私は大型に出会いたいのでハリは小さくしたくないのが本音である。ハリの形状選びは難しい。しかし、本当はＧＷによる場荒れが原因だったりして。

緩流帯の流れで戻りアマゴねらい

5月5日（晴れ）／笛吹川

個人的には今日がＧＷ最後の釣り。私が会長を務める荒川銀影会のメンバー、福島くんと山梨県笛吹川へアマゴねらいで出掛けた。秩父から雁坂トンネルを越えれば山梨県となる。笛吹川沿いを走り、石和温泉の下流にある万年橋へ到着したのが11時。なんとものんびり釣行な

5/5 笛吹川
釣り人は荒川銀影会メンバーの福島くん。20㎝前後のアマゴが入れ食いになるなど、魚影の多さを感じた

目印を一気にひったくっていった泣き尺の戻りアマゴ

のは連日の釣りで少々お疲れ気味のせいだ。

このエリアは戻りアマゴをねらえるポイント。気温も上昇してタイミングはよさそう。しかし、西に見える南アルプスの山々はまだまだ残雪が多く、真っ白である。ちょっと時期が早い気もするがエサのクロカワ虫を採った。私が初めて笛吹川を訪れたのは今から20年も前のことだ。その時は川虫が一切採れず、持参したキヂをエサに釣りをしたものである。川虫が増えたのは水質がよくなった証であろう。

タックルはDAIWA遡 フレイムホークP—2 72、ラインはDAIWAタフロンZα0・8号、ハリはマス6号、ガン玉3B。河川による川幅・水量等の変化に応じられるように、サオは長さ違いで数本用意しておくと幅広く対応出来るはずだ。

笛吹川は3年ぶりである。記憶をたどり万年橋下流のポイントを目差し、川を歩いた。例年より水量が多く歩きにくい。到着するとポイントが消滅していた。本流では台風などの増水で流れは毎年あちこちで変化する。記憶はあくまでも記憶であり、昨年はよいポイントだったのに翌年は消滅していたという経験は何度となくある。今回は残念だが、逆に新たなポイントが形成されるケースもある。これは本流釣りならではかもしれない。

仕方なく万年橋上流の瀬に移動。1本のガンガン瀬があり、その瀬尻が深くなるポイント。私が笛吹川で仕留めた戻りアマゴはすべて緩流帯である。恐らく体力温存のために強い流れは避けているのだろう。水深の深い場所の上流側を立ち位置に取り仕掛けを振り込んだ。自分の立ち位置までには仕掛けを馴染ませ、そこからエサ優先の聞き流しで仕掛けを流していく。すると流し切る寸前でガツンと一気に目印をひったくられた。すかさず合わせてサオを寝かし引きに耐えた。水中でローリングする魚体を見てそれほど大きくないことが分かり、サオを立て一気に取り込む。魚体は白銀に光りパーマークがうっすら確認できる。朱点もあることから戻りアマゴである。しかしサイズは29㎝の泣き尺であった。

その後はサオを振り続けたがアタリは一切ない。そこで万力公園の上流部に移動した。ここでは秩父から持参したピンチョロをエサに、サオもＤＡＩＷＡプライムテクニカルチューン70に持ち替えて瀬をメインに釣り歩いた。20㎝前後のアマゴが入れ食いで笛吹川の魚影の多さが確認できた。福島くんも27㎝の美形アマゴを釣って満足のようす。この日は18時半までサオを振り続けた。

ＧＷは合計6日間、川に立つことが出来た。素晴らしいヤマメ・イワナとの出会いは最高であった。

増水ササニゴリ

5月12日（晴れ）／荒川

先日の雨で荒川の水位が上昇。遡上のタイミングはばっちりである。早朝5時。私はいつもの荒川で釣りをするため、長瀞町白鳥橋下流のポイントへ向かった。平水より20㎝増のササニゴリ。いかにも大ものが出そうな雰囲気であるため、ダイワ遡 フレイムホークＰ―3 90Ｍ、ＤＡＩＷＡタフロンＺα1・25号のパワータックルで挑むことにした。エサはキヂを用意した。ヤマメを釣るにしてはかなりイトが太い。だが、エサ優先で流すことでイトの太さを魚に見破られず、またガン玉も重いものを使用するので流れに馴染んでくれるのである。

川の真ん中が1本の太い筋となり、その筋の脇をていねいに流すとすぐにアタリがあった。サオは緩やかな弧を描きすぐタモに収まる。28㎝のヤマメだ。

幸先はよかったがその後は2時間ほど粘るもアタリはなし。そこで上流の皆野町まで移動。荒川と赤平川の合流点より下流にある通称「大淵」へ向かった。このポイントは左岸側が岩盤帯で右岸からサオをだす。水深も深い場所で3mほどと荒川の中でも大場所となる。流れ込みから仕掛けを流し始める。川底が砂地で押しが強く仕掛けの馴染みが悪い。このような川底の場合、私はオモリを砂の上に置いて流す。簡単にいえばオモリが川底をコロコロ転がるようなイメージである。

徐々に下流へと立ち位置を変えて仕掛けを流していく。すでに何投しただろうか。アタリもないままラストに流れ出しを探った時、ゆっくりと移動する目印がピタッと止まった。合わせると強烈な手ごたえを感じた。その瞬間、私は下流へダッシュしサオを絞り込んだ。かなりの重量感。あまりにも重すぎるのでヤマメではないと感じたとおり、5分ほどのやり取りで手にした魚は60㎝のニジマスであった。その後、またしても強烈な引きとともにニジマスがヒット。サイズは50㎝。

川の条件は最高だったが戻りヤマメの姿を拝むことは出来ず。やはり今シーズンの荒川は厳しい予感がする。

遡上はまだか

5月13日（曇り午後から土砂降り）／荒川

前日の状況で戻りヤマメが釣れないことが納得できず、秩父市内でお昼を食べてからふたたび荒川へ向かうことにした。今回立ち寄ったのは秩父でも人気のあるそば屋、本家 原さん姉妹店のうどん屋さん。肉汁うどんの大盛りを頂く。秩父うどんとして看板を出しているが、コシの強い麺と、肉のダシが利いている甘じょっぱい汁が食欲をそそる。ただし、ボリュームがすごくておなかが～（笑）。荒川釣行の際にはぜひとも立ち寄ってみたほしい。

腹が満腹になった私は皆野町エリアでサオをだした。イトは0・6号まで落としてある。エサがピンチョロなのでアタリはあるが、釣れるのは7～8寸のヤマメ。そして夕方になると29㎝のヤマメがなかなかの引きをみせ

5/13 荒川・皆野町
今日は本命のヤマメ（泣き尺）が来たが、
ねらっている遡上タイプではなかった

てくれたが、遡上タイプではない。またしても残念。例年ならとっくに遡上しているのだが。

流し方の妙

5月19日（雨のち晴れ。強風）／渡良瀬川

先週は荒川で撃沈したので、今回は群馬県渡良瀬川に足を運んだ。荒川銀影会のメンバー・川田くんが一緒。道中は雨。現地に到着しても雨。レインウエアを着て釣りをするのがあまり好きではないのだが仕方がない。

昭和橋上流の瀬をメインに釣りを始めた。このエリアは瀬の中にある石の前をねらうとヤマメが釣れることがある。いつものようにセオリーどおり釣りを組み立てたものの、釣れた魚は50㎝クラスのニジマス。その次にヒットしたのもニジマス。ヤマメは？ そう、川田くんにはヒットしていました、最大36㎝を筆頭に尺越え4尾も……。多少濁りもあったせいか、セオリーとは反した場所で釣れている。しかも川田くんは不思議な流し方をしているではないか!! それは、仕掛けを沈めてゆっくり逆引きしているようなイメージというか、上手く説明ができないが……キヂだから効果あるのかな？

似たポイントで同じように仕掛けを流そうと試みた時

5/19 渡良瀬川・昭和橋上流
素晴らしいプロポーションではあるが……
この日はニジマスに好かれて終わってしまった

から徐々に風が強くなり、その後は強風というより暴風。サオを振ることができず、まったく釣りにならずに強制終了。あ〜っ、せっかくの休みが。

次回、彼の流し方を真似してみたいと思う。

（この日は隣の伊勢崎市で最大瞬間風速21ｍと、ほぼ台風並みの風だった。これでは釣りになりませんな）

送りを止めてエサを吹き上げさせる

5月26日（曇りのち晴れ）／荒川

5月も終盤。例年であればぼちぼち地元・荒川も尺ヤマメシーズンであるが、今年はなかなかサイズのよいヤマメに出会うことが出来ない。さらに週末の荒川は例年に増して釣り人が多く、警戒心の強いヤマメはなかなかエサを食ってこない。そんなことから、普段あまり人が入らないポイントでサオを振ることにした。

場所は長瀞エリアの高砂橋付近。ロケーションがよく荒川の中でも一番好きなエリアだが、昼間はラフティングやライン下りで釣りにならず朝イチ勝負である。現地に4時半に到着して釣り支度をしていると、下流部に釣り人が1人入るが私の目的のポイントは高砂橋直下。左岸から右岸に川を渡り200ｍほど上流に歩くとポイントに到着、サオを伸ばした。長瀞エリアはポイントも広いことからＤＡＩＷＡ琥珀本流ハイパードリフト スーパーヤマメ95ＭＲを使用。ラインは0・8号、エサはキヂである。

川の真ん中に1本の筋があり、その手前にも1本よい流れがある。手前側のほうが底石も多く魚が付くことが多いので、底石がウケになる場所を目がけて仕掛けを流した。魚がいると思われる位置よりも上流側に立ち位置を構えてエサ優先で仕掛けを流し、魚がいると思われる位置まで仕掛けを流したら、サオの送りを止めてエサを吹き上げさせる。その瞬間がヤマメの食いをそそるようである。

このような流し方をしているとアタリがあった。だがハリ掛かりしない。再度仕掛けを振り込み同じように流すと、先ほどと同じ位置で当たり、合わせるとサオが一気に絞り込まれた。水中でギラギラと抵抗する魚に対してサオのテンションは緩めず、絞り続けることによりバラシを軽減できる。しっかり絞りヤマメが弱ったところでタモに入れた。30・5㎝、パーマークのあるきれいなヤマメであった。

その後はポイントを変えて釣りを続けたが、やはり釣り人が多く25㎝クラスを追加したのみでこの日は終了。

モンスターの正体

5月27日（晴れ。朝は4月中旬並の冷え込み）／荒川

前日、戻りヤマメを求めて荒川・長瀞地区をねらうも不発。仲間も数名荒川を釣ったが、やはり戻りヤマメは釣れていない。それではと大滝地区の荒川本流を釣ることにした。入渓したポイントは落合ダムから1㎞ほど上流にある三十場堰堤。この堰堤は水深があり大型のヤマメがねらえるポイントなのだが、現地に着いてがっかりした。水深3ｍはあったはずの堰堤下が埋まっていて1・5ｍしかない。昨年の台風の影響である。

ＤＡＩＷＡプライム 本流硬調85にライン0・3号、エサはピンチョロを使った。1投目。仕掛けが馴染むとすぐにアタリ、そして強烈な引きへと変わる。イトが細いのでサオを絞りすぎないように注意してイト切れを防ぐ。水中では黄金色に赤いラインの入る魚体が時折見えた。正体不明の魚とやり取りすること5分、やっと観念してタモに収まったのはすごく美しい45㎝のニジマス。大滝エリアでこのサイズは初めてである。

その後、20㎝前後のヤマメを釣り下流の秩父エリアに移動した。休憩して夕マヅメ。秩父公園橋上流のポイン

5/26 荒川・長瀞地区
高砂橋と付近の流れ（写真上、下）。そしてパーマークが薄く残るヤマメ30.5㎝

5/27 荒川・秩父エリア
秩父公園橋上流のポイントでモンスターと格闘中

トでサオを振る。秩父市街地から一番近いこのポイントは釣り人が非常に多く、ハイプレッシャーである。岩盤が多く、その際をていねいに探るとヤマメには出会えたが24㎝ほど。

さらにサオを振り続けると、流していた仕掛けが少し横にずれた。アタリと感じて合わせると一気に目印が下流に走る。サオを絞り引きに耐えると今度は対岸に猛スピードで走った。尋常ではないパワーとスピードでサオの操作が間に合わない。これはモンスター？　完全に魚に主導権を取られてしまい、かなり引きずり回されたが相手が弱ったすきを見てサオを大きく絞り込み動きを封じ込めた。じわじわと距離が縮まり、タモに入れるとモンスターの正体は大きなニジマス。しかもあまりの大型のためタモには頭しか入らず、ニジマスを抱え込んで取り押さえた。全長57㎝、体高がものすごくあり、まさにモンスターの風格を備えた魚体だった。

そろそろ大ヤマメに出会いたい。荒川は通常水温が上がる5月になると玉淀ダムから遡上する戻りヤマメがねらえるのだが、遡上する気配はなし。ここまでホームの荒川をメインに釣ってきたが、見切りを付けて違う川に行くしかないな。

サオをひん曲げた主はニジマス57㎝（下）。あまりの大きさにタモには頭しか入らなかった。この日は45㎝のニジマス（左）もヒットし、ニジマス尽くしの一日!?

6/10 渡良瀬川・桐生地区
この日は錦桜橋下流の流れを2時間釣って3尾の尺ヤマメに出会えた（左頁上＝34㎝、下＝32㎝）。ポイントを見極め、エサを大きなキヂから小さなキヂ、クロカワ虫に変えた成果

6月

夏に期待

6月9日（晴れ）／荒川

午前中のみ大滝地区でサオをだす。DAIWA遡 フレイムホークP―2 72、エサはピンチョロ。ヤマメのサイズも大きくなり25～27㎝が5尾ほど。これなら8月頃には尺クラスがねらえるはず。大滝地区の尺ヤマメは簡単には釣れないが、美形で価値ある魚である。今後に期待だ。

2時間の釣り

6月10日（小雨）／渡良瀬川

日曜日の日中は釣り以外の用事がある。私は独身だが、同居人（女性）がいる。釣りばかりしている私に愛想が尽きたか、なかなか結婚してもらえない身分である。土曜日の釣りは何もいわれないが、2日連続となるとさすがにご機嫌斜め。そのため日曜日は頭を下げて2時間だけ釣りをする許可をもらっている。この限られた時間はサラリーマンの私にとってかなり貴重だ。

絶対にヤマメに出会いたい私は渡良瀬川桐生地区へ向

かった。5時頃到着、人気河川で休日は本流マンも多い。錦桜橋より下流は人の姿も見えず、ここでサオをだすことにした。今日はＤＡＩＷＡのプロトロッド、遡フレイムホークＰ―３90のテストでもある。振ってみると、しなやかで操作性もよさそうだ。

このエリアは長い瀬で、仕掛けの馴染みを考えて0・8号フロロラインを使用。エサはキヂ。流れのきつい瀬の中に緩流帯があり、底石や溝にヤマメが付いているので一筋一筋ていねいに仕掛けを流すことが大切だ。そして粘りすぎないように少しずつ下流に立ち位置を変えながら釣り下るのが私のスタイルである。これを何往復か繰り返すと流れや川底の変化が分かるようになってくる。ヤマメと出会うための近道で、同じポイントで粘り通すのもよいが、いくらよいポイントでも魚がいないことには話にならない。移動しながらのほうがヤマメのいるポイントに当たることが多く、出会いも増える。

釣り下ると川の真ん中に大きめの岩があるポイントに着いた。流れをよく見ているといろいろな筋が見えてくる。その一つ一つを流していくがアタリはない。そこで大きなキヂを選んで付けていたのを小型に変えると1投目で手元にカツン！　合わせるとギラギラ水中でもがく姿が確認できた。ヤマメ特有のローリングである。それほど大きくはないが、流れを味方に下流へ走るパワーはすごい。だがサオのパワーが上である。サオを水面ぎりぎりに寝かせ、少し弱ったところで一気に寄せてタモに収める。パーマークがうっすらと見える美しい白銀の34㎝遡上系ヤマメであった。写真を撮りリリースした。

小型のキヂに食いついてきたこともあり、その後はエサをクロカワ虫に変えると立て続けに31、32㎝のヤマメが釣れたところでタイムオーバー。2時間で3尾の尺ヤマメに出会えたのはラッキーである。ポイントをしっかり見極めることが出来れば、短時間でこのような釣果に恵まれることも珍しくない。

しかし、お土産も持たされてしまった。実は、仕掛けを流し終えてエサを持ち上げた瞬間、超がつくほどの白銀ボディーが飛び掛かってきた。エサには食いつかなかったがかなりの大ものには間違いなく、脳裏に焼きついたままの帰宅となった。来週リベンジしてやる!!

めでたい日の尺ヤマメ2尾

6月16日（小雨）／渡良瀬川

梅雨に入りしとしとと雨が降る中、先週の宿題の答えを

6/16 渡良瀬川・桐生地区
この日も2時間で31、36㎝のヤマメを釣ることができた。しかし前回ハリに掛けられなかった白銀の大ものには出会えなかった

出したく渡良瀬川の同ポイントへ向かった。現地に4時到着。うす暗い中支度をして川へ向かいクロカワ虫を採った。川は例年よりも水量が多く、上流の草木ダムで放水していることがうかがえる。そのせいか水温も低く、ヤマメには都合がよい。クロカワ虫を30匹ほど採った。竹製のエサ箱に入れるのだが、その際にヨモギの葉を入れておくとクロカワ虫同士でケンカせずにすむ。

前回と同様のサオと仕掛け、同じポイントに立ちサオを振った。まずはガンガン瀬の中にある石裏のタルミをねらうと、手元にググッと感触が伝わった。大きく合わせて魚の手応えを感じたところでサオを寝かせて絞り込む。サオ先をグングンと段引きしていることからヤマメと分かる。タルミからガンガン瀬に入り込む引きは強烈でサオを一気に絞り込んだ。これはよいサイズと感じ、下られないようにサオを寝かせて弱るのを待つ。サオの反発力でしだいに寄ってくる。よいサオは、曲げていればサオ自体の戻る力で勝手に魚が寄ってくる。タモに収まったのは、36㎝の太いヤマメであった。

その後、すぐさま31㎝のヤマメを追加。調子よく2尾のヤマメが釣れたが、そこから先はアタリが続くことはなく2時間が経ちタイムオーバー。天候がよくチャンスではあるが、今日は私が会長を務める荒川銀影会の黒沢くんの結婚式だ。おめでたい日に尺ヤマメが2尾、なんとも最高な一日であった。

そうそう、宿題の答えが出せないままであった。先週の大ものは白銀の魚体から遡上系のヤマメであったことまでは分かっている。遡上系の魚はいつまでも同じ場所にいることはなく遡上してしまうので、タイミングを合わせるのがとても難しい。次回は出会いたいものだ。

ガツガツッとキヂをかじる感触

6月23日（曇りのち雨。朝は13度）／奈川・梓川

何となくふらふらと遠征に出掛けたい気持ちが3、4日続いた。仕事中もどこへ行こうかと考えている。「あの川でよいヤマメが釣れたな〜。デカイの釣れたよな〜」と過去を振り返ることも楽しみで仕方ない。数多くの思い出から今回は長野県奈川に足を運ぶことに決めた。

自宅を11時に出発、国道17号から18号を走り、三才山トンネルを越えて松本市。そこから飛騨高山方面に向かえば奈川がある。文章で説明すると短いが、到着したのは3時半。少し仮眠をとり、4時半に起床。川の様子をみるとかなりの渇水。今年の梅雨も最初降っただけで、

6/23 奈川･梓川
朝イチからなんと37㎝のヤマメ。瀬の白泡下をメインに流すと３投目でアタリが来た（奈川）

この日２尾目の尺上は35㎝アマゴ（奈川）

6/23 奈川・梓川
クマとの遭遇はカンベンと梓川へ移動するとまた新たな出会いが。
ガツガツというアタリから一気に下流へ走った38.5㎝ヤマメ、そのあとさらに30㎝ヤマメも出て（左頁）感無量の一日となった

今のところ空梅雨状態。ニュースでは雨が多いなんていっていた気もするのだが。この渇水では朝が勝負とにらみ、早々に支度をすませて川に立った。

タックルはDAIWA 遡 フレイムホークP—272、DAIWA タフロンZα0・8号、がまかつマス8号。エサはキヂ。まず入渓したのは黒川合流付近。少しでも水量が多い場所をと考えてだが、とにかく水が少ない。これでは魚も普段の場所では身を隠せないだろうと思い、瀬の白泡下をメインに流すと3投目でアタリがきた。すかさず合わせると、いきなり大ものがヒット！ 瀬の中で激しくローリングを繰り返す。あまり時間をかけているとハリを外されてしまう、ここで何度も失敗してきた。同じ過ちをしないようにサオを絞り込み、強引に寄せてタモに入れることが出来た。パーマークがうっすらと残る37㎝のヤマメだ。朝イチからうれしい出会いであった。こんなに簡単に出会えたことでアタリも多いのではと期待したが、その後はさっぱり。

黒川との合流から上流に奈川では有名な3段堰堤がある。昔はこの堰堤が魚止となり、秋に超大ものが釣れることで大ものねらいの釣り人の間では話題になったが、現在は魚道が建設されて魚はさらに上流へと遡上できる

ようになった。奈川渡ダムから遡上する湖沼型サクラマスやサツキマス、ヤマメ、アマゴ、イワナを守るべく魚道が造られたことは素晴らしく、他の河川も参考にしていただきたいところである。この堰堤は今でも魚が溜まり、27㎝のイワナを釣りあげることができた。

ポイントを黒川合流地点より下流に移動した。生い茂る樹木に囲まれた小さな淵でサオをだした。水深は1・5mほどだろう。流れ込みは水流が強いのでガン玉3Bを2個付けするが、立ち位置が下流のため仕掛けをうまく流せない。そこで上流に移動した。魚がいると思われる場所より上流に立つことで、サオ先の位置より先に仕掛けを流すことが出来る。また、仕掛けを斜めに張ることでブレーキを掛けながらゆっくり流すことが出来る。流れの速いポイントではかなり有効な流し方だ。

このような流し方の3投目で、目印がわずかであるが水中に引き込まれた。アタリだ！　木に引っ掛からないように合わせると水中でギラギラと輝く魚影が確認できる。サオを立てるとすぐさま頭上の木に引っ掛かりそうになる。これでは取り込めないので、一段下の瀬に魚を下らせてタモに収めた。朱点が綺麗なアマゴでメジャーをあてると35㎝。本日2尾目の尺上である。

その後、下流に釣り下ると1人の釣り人に出会った。しばらくお話をさせていただくと、さっきクマが川を渡っていったから気を付けてね！　とのこと。クマに遭遇したことがない私は完全にビビってしまった。ここから下流に行くのは気が引ける。ビビリな私はポイントを変えてクマとの遭遇を避けることにした。

次に向かったのは車で30分走ったところにある梓川である。槍ヶ岳を水源とする梓川は、上高地を流れる川であり観光地としても有名だ。標高も高いことから水温がとても低く、日中でも渓魚が釣れるチャンスは高い。むしろ日中のほうがチャンスが高い気もする。

さわんど温泉の下流ポイントへ入渓した。時間は11時を過ぎたところ。雨も降ってきて条件としては最高である。奈川より川幅もあるのでサオをDAIWAプライム本流硬調85に変更。イトはタフロンZα0・8号で挑む。そして答えはすぐに返ってきた。さわんど温泉付近では一番の大場所となる淵の流れ込みに仕掛けを振り込んだ3投目、ガツガツッとキヂをかじる感触が手元に伝わり、力強く合わせると目印が一気に下流へ走った。引きが強くサオが絞り込まれる。これは期待できそうなサイズが掛かったに違いない。魚の引きに合わせて少しずつ下流に下りながら引きに耐える。そして取り込みやすい位置まで下りサオを立て、力みすぎないように注意しながらゆっくりと寄せにかかった。ここであわてて力強くすると魚は首を振りハリが外れやすくなる。じわじわと寄せ、魚との距離が縮まったところで一気にタモに入れた。美しく銀色に輝く魚体はサクラマスタイプのヤマメである。メジャーを当てると38・5㎝ある。満足の1尾であった。そして再度同じ流れから尺ヤマメが釣れた。本日4尾の尺上との出会いは感無量である。

その後、尺イワナが釣れたところで上流に移動する。水深1mほどの瀬でサオをだしていた時、白泡の下の流れが気になった。ガン玉3Bに4Bを付け足す。白泡の中に仕掛けが馴染みやすくなるように、そして魚のいそうな場所が下流になるように立ち位置を上流側に変えた。白泡の中を何度も流していると目印が止まった。半信半疑で合わせるとサオが一気に弓なりになるものの目印は動かない。だが手元にはじりじりと生命感が伝わってくるではないか！　少し力強くサオをあおると目印が一気に走り出し、白泡の中を上に下に暴れ出した。あまりの引きの強さと、正体も分からず怖くなるくらいである。魚は下流に一気に走り出し、私も下流にダッシュする。息切れしながら引きに耐えること5分、やっと姿が見えてきた。茶色の魚体、これは大イワナだ！　そう感じ絶対に取るぞという気持ちが通じたかは分からない

6/23 奈川・梓川
この日最後にサオを大きく絞り込んだのは55㎝のブラウントラウト

帰路は東部湯の丸SAに立ち寄り、大満足の釣果に相応しくざるそば3人前（！）の浅間盛りをいただく

が、観念したようでタモに収めることができた。ところが！　イワナではなくブラウントラウト、55㎝のナイスサイズであった。スリル満点な引きで楽しませてもらえた。梓川の下流にはさらに大型のブラウントラウトが生息するらしく、時に80㎝級が釣れることもあるとかないとか。一度は出会ってみたいものである。

今回は大満足の一日となった。気分のよい私は通常なら一般道を行くところを松本ICから高速道路で帰宅することにした。松本から長野方面へ走り、更埴ＪＣＴから東京方面へ走るルートである。途中、東部湯の丸ＳＡに立ち寄り夕食を食べた。このＳＡでは松本市のＢ級グルメ山賊焼き定食が食べられる。にんにく醤油ベースのタレとニラが乗った鳥肉の竜田揚げ風で、とても美味しくいつ食べても満足できる。だが今日は、ざるそば３人前となる「浅間盛り」を食べた。１０００円でかなりのボリューム。味もよく、そばをガッツリ食べたい人にはオススメである。ちょっと贅沢をしすぎて財布の中が寂しくなったことは同居人には内緒である。

大型の潜む流速、波を見極める

6月24日（曇り）／渡良瀬川

本日は日曜日につき同居人に頭を下げて2時間限定の釣り。ナントカの一つ覚えで毎週恒例になりつつある渡良瀬川の同ポイントに向かう。先日の疲れか、朝目が覚めず出発が5時になってしまった。現地に6時到着。ショックなことに私が毎週ねらっていたポイントに先行者がいるではないか！　しばらくその人の釣りを見ていると、手前の流れしかサオをだしていない。このポイントは奥の流れでアタリが出る。まだチャンスはある。

30分後、先行者が３００ｍほど下流に釣り下ったところで邪魔にならないと判断して私もサオをだした。タックルは先週の渡良瀬川と同じである。川の真ん中に立ち込みサオを振る。流れをじーっと見ていると、さまざまな流速や波が見えてくる。それをさらに見つめていると、速い流れの中にわずかに暖流帯が見えてくる。このような流れを見逃さないように私は釣りをしている。流れに変化がある場所は川底に石が入っていたり溝があったり、何かしらの変化があるものだ。

1時間半で32㎝ヤマメ、35㎝ニジマスを釣りあげた。今回も少ない時間で出会えたヤマメに感謝であった。

泣き尺ならぬ泣き40⁉

6/24 渡良瀬川・桐生地区
ナントカの一つ覚えでほとんど毎週恒例化したポイントへ。速い流れの中に潜むわずかな緩流帯をねらって32㎝のヤマメ

6月30日（雨のち晴れ）／奈川

先週調子のよかった長野県の奈川へ。今回も一般道で現地へ向かう。今夜はなぜか鹿が多く出現する。車のヘッドライトを浴びた鹿は目がくらむのか、道の中央で立ち尽くしていることが多い。私には変なジンクスがあり、釣りに行く道中で獣に出くわした日はよい釣りができることが多い。たまたまだとは思うが。

松本市新島々のセブンイレブンに真夜中2時半到着、ここで丸山剛カメラマンと合流。実は、つり人社の別冊『渓流２０１９』取材のための待ち合わせである。ここからさらに車を小一時間走らせて奈川に到着、夜明けとともに取材開始となった。

なんと2投目で大型がヒット！　やり取りをしながら、丸山さんはどこでカメラを構えているのか確認すると、あまりにも早いヒットでまだ準備中!!　というか、丸山さんの準備が終わっているのを確認せずにサオをだしてしまった（汗）。この日に限ってはやる気持ちを抑えきれずに先走った。それでもさすがはプロカメラマン、あっという間に追いつき取り込みも成功。遡上系のヤマメで40㎝！　と思ったがメジャーを当てると39・５㎝。あと少しで大台だが釣れる魚のサイズは選べない。素直

6/30 奈川
奈川上流部でサオを振る

「居残り残業」で釣りあげた
朱点のきれいな尺アマゴ

に喜ぶべきだが、もっと大きいのがいることを知っている私には納得のいくサイズではなかった。今シーズンはなかなか大型のヤマメが釣れず、正直焦りを感じている。

その後は上流域でアマゴ、イワナが入れ食いになり楽しい渓流釣り取材となった。詳しくは、別冊『渓流2019』の春または夏号をご覧いただけたらと思う。

14時になると丸山さんは明日の取材地へ向かうため早々にお別れ。私は「居残り残業」で大ものをねらうべく梓川へ移動。数日前の雨の影響で川は先週よりもかなり増水している。そしてなぜかクラブ員の古田くんの車が停まっていた。電話をすると、先ほど到着してサオをだし始めたばかりという。「たぶん千島さんいると思って」。彼の住まいは埼玉県南部。東京都に近いところに住んでいるのだがフットワークが軽く、各地を飛び回っている。夕暮れまで2人で一緒にサオを振り、私は朱点のきれいな尺アマゴ、古田くんは尺イワナをヒットした。

車中泊で明日もサオをだすという古田くんを残し、私は一般道を4時間かけて22時に帰宅した。さて明日は起きることが出来るかな？？？

２週連続釣行が大当たり。２投目でいきなりの39.5㎝ヤマメ（写真）を筆頭に、アマゴ、イワナが入れ食いになった。その後は梓川に移動して「居残り残業」。大台のアマゴをねらうも尺止まり

5～6月を振り返って

GWの長期連休もあったが、なんとなく地元荒川をメインに釣りをした。例年になくヤマメは多い感じである。恐らく昨年の台風で上流域のヤマメが流されてきた可能性がある。このような年は上流の本流ヤマメの魚影は少なくなる傾向にある。逆に台風が少ない年は、上流域のヤマメの魚影は多い。

長く荒川で釣りをしてきたので何となくパターンはつかめているが、春に気温が上がり水温も上昇したので5月には尺上ラッシュが来ると思っていたが、そうはいかず、釣っても釣ってもサイズは今一つであった。川を歩いて分かるのだが、昨年の台風の影響で川が荒れている。はっきりと断言できないが、恐らくそのせいでピンチョロがかなり少ない。荒川はどこでもピンチョロが簡単・大量に採れるが、今年はそうはいかない。ピンチョロを好む荒川のヤマメたちはエサの流下が少なく、なかなか大型に成長できないのであろう。

尺ヤマメは少ない代わりに大型のニジマスが目立った。50㎝を超えるニジマスの引きは強烈で楽しませてくれるが、尺上ヤマメには1尾しか出会えず不安な気持ちになった。本書に掲載できる大ものを釣らなくてはならない気持ちが、いつしかプレッシャーに変わっていた。

6月に渡良瀬川へ行き、短時間で3尾の尺ヤマメを手にしてからそのプレッシャーが消えた。私は魚を掛けるイメージを忘れないようにと、毎週短時間だが渡良瀬川の同じポイントでサオをだした。幸運にも尺クラスのヤマメが溜まっていたようで毎回サオを曲げてくれた。

魚を掛ける感覚を頭の中に焼き付けて、毎回どこの河川に行っても掛ける感覚を思い出しながらサオを振り続けた結果、1ヵ月で2ケタの尺上ヤマメに出会えた。5月とは打って変わって6月はよい釣りとなったが、通常5月中旬から尺クラスのヤマメは釣れるので、季節が半月ほど遅れている感じがした。

釣りは適当にやっても釣れることはある。だが、時間・ポイント・立ち位置・仕掛けの流し方等、すべての条件がマッチしないと大ヤマメは絶対に釣れない。水量の多い本流ではなおさら条件をマッチさせにくい。私は大もの釣りの際、いつもクロスワードパズルを思い浮かべてしまう。

釣れない日が続いたが、6月の釣果のようにたくさんの尺ヤマメの手ごたえを味わうことも出来る。大もの釣りは難しい釣りだが、やっぱり面白い。

7月

柔らかいサオの利点

7月1日（晴れ）／渡良瀬川

　前日の遠征の疲れで目覚ましを3時半に鳴らしたはずが、もう4時半になっているではないか！　あわてて支度を済ませ、懲《こ》りずに渡良瀬川のいつもの瀬に向かった。数日前に梅雨が明け、「草木ダム貯水量が低く渡良瀬川取水制限」とのニュースを見たが、確かに川の水量も先週より低い。瀬の中にできるポイントも少ないことから、これはていねいに釣らないとアタリが出ないと判断した。タックルはＤＡＩＷＡプライム 本流硬調85、ＤＡＩＷＡタフロンＺα０・８号、ガン玉３Ｂ、エサは現地採取のクロカワ虫である。

　いつもと同じような流れをねらうがアタリはなく、瀬の最下流部まで釣り下ってきた。今日のサオは1番（穂先）が若干柔らかい。柔らかいサオは多少の手振れなどを吸収してくれるため仕掛けが暴れずにすみ、ナチュラルドリフトに向く。サオ先が硬いと手ブレで仕掛けが上下しやすく、エサも上下してしまう。水位が低い状況でエサが不自然に動くと魚に警戒心を与えることもある。

　目印はぶれることなくきれいに仕掛けが流れている。瀬の中のカケアガリに50㎝ほどの石があり、その前で目印が一瞬コンッと下がった。合わせると一気に目印が走った。このスピードはヤマメだ！　サオをしっかりため、動きに合わせながらサオの角度を変えていく。下流に下ればサオを寝かせ、上流に走ると上ザオにしてを繰り返し、1分ほどのやり取りでタモに入れた。メジャーを当てると34・5㎝。朝日に照らされ黄金色に輝く魚体は、すでに夏ヤマメの色合いである。

　ぼちぼち川の水温も上がってきたようす。近いうちに大ものを仕留めなくてはチャンスが少なくなるばかりだ。毎週、尺ヤマメに出会えてはいるのだが、贅沢ではあるがやはりこれはという大ものに出会いたい気持ちは捨てられない。この日は1時間半の釣りで終了。そして帰宅して次週のために家事に専念した（苦笑）。

タイミング合わず

7月7日（曇り）／荒川

　今日は土曜日なので一日釣りが出来るのだが、毎週の寝不足が続いたせいか体調が悪い。風邪を引いたようだ。

7/1 渡良瀬川・桐生地区
瀬の中のカケアガリに50㎝ほどの石があり、その前で食ってきた34.5㎝ヤマメ。そろそろ水温も上昇してきて大台のチャンスが少なくなってきた

この状態で一日釣りをしたら悪化させてしまうと思い、朝だけ久しぶりに秩父市の荒川本流へ向かった。

現地に到着してポイントを巡るが人だらけである。30分くらいウロウロしてやっと人のいないポイントを見つけた。支度を済ませサオを伸ばして川に立ち込むと、すぐ下流に釣り人の姿が。幸い、私がいることに気付いてくれたようで移動して行った。

サオを振るがアタリはなく、下流へ２００ｍほど下ると先ほどの釣り人がいた。近づくとなんとクラブ員の高野くんであった。荒川で毎週サオをだしている彼に近況を聞くと、尺クラスはけっこう釣れていたという。ちょっとタイミングが合わなかったみたいである。ほかにもいろいろと情報交換。その後30分ほどサオを振り、25㎝ほどのヤマメを釣ったところでサオをたたんだ。時計は7時。時間は早いけれど我慢しよう。

求めていた1尾

7月8日。（曇りのち晴れ）／渡良瀬川

まだ身体がだるい。とはいえせっかくの休み、少しでもサオを振りたいので、またまた渡良瀬川へ向かった。前回で水量も落ちてきたことから、ポイントを変えて桐生大橋上流にある淵をねらった。現地には5時到着、クロカワ虫をたっぷりと採取。前日の雨の濁りも少し残ることを考えてキヂも用意した。サオは前回使用したプロトタイプ。仕掛けはＤＡＩＷＡタフロングレイトＺカスタムＥＸ1号、ハリはがまかつマス9号を使用し、サオの全長よりも1ｍ長くしている。9ｍのサオだが、マルチは8・5ｍに縮めた状態で使うのが基本である。したがって仕掛けは10ｍとなるので振り込みにくい。だが大ものが掛かった時に短い仕掛けではサオが起きず、のされてイトを切られてしまうが、仕掛けを長くしておくとサオが起きるのでサオ全体が曲がり、弾力が生まれてイト切れの確率が低くなる。大ものをねらう時は、このように仕掛けを長くしておくことが多い。

エサのクロカワ虫を付けて右岸流れ込みから丹念に仕掛けを流す。水温も前回より高めである。これは簡単にエサを食ってこないだろうと感じた。だがこのポイントには必ず大ものがいると信じてサオを振り続けた。水の透明度はあまりよくない。警戒心は低いはずである。

流れ込みから少しずつ下り、川底に破損した消波ブロックが沈むところに腰まで立ち込んだ。ここは、4月に40オーバーを釣りあげた立ち位置。そして前回と同じ

7/8 渡良瀬川・桐生地区
同じ桐生地区でもポイントを変えて桐生大橋上流の淵をねらう。そして4月に40オーバーを釣りあげた立ち位置で、ふたたびドラマは起きた。タモに収めたのは45㎝のヤマメ。魚を見つめながら、しばらくの間は何も考えられなかった

45㎝ヤマメと、目がイッてる私

筋を流す。10投、20投……何投しただろうか。一向にアタリがないのでエサをキヂに変えた。4Bのガン玉を5Bに変更して水深2m以上ある川底をしっかり流せるようにする。1投、2投、3投……エサを変えてもアタリはないままだ。今日は厳しいのか？ ヤマメは違うポイントにいるのだろうか？ 釣れない時間はさまざまなことを考えてしまう。そして集中力が切れた時に手元にガンッ‼ と強烈な手応え。鋭く合わせると一気にサオが絞り込まれ、満月のように弧を描き糸鳴りが聞こえる。サオの3番くらいまでがグングンと水中に向かい暴れている。これはデカイ！ 私は主導権を与えないようにサオをしっかりと絞り込み引きに耐えた。

魚はギュンギュン下流に走ろうとする。私は腰まで立ち込んでおり、足元も悪く身動きがうまく取れない。引きに合わせて下流に下ろうものならバランスを崩してバラすかもしれない。そこで動かず勝負することにした。下られないようにとサオを絞るが、イト切れにも注意した。そして2分ほど経った頃、下流に逃げようとしていた魚は方向を変えて少しずつ私のほうに寄ってきた。ここでサオを立て、抵抗する魚との距離がどんどん近づく。やがて反転した時に銀色の姿が見え、水面にヤマメが顔を出した。ヨシッ、でかいぞ！　ここで中途半端な寄せ方をすると、タモ入れ時にヤマメが驚き大暴れしてハリが外れてしまうことが多い。マルチを伸ばし、サオの長さを９ｍにして右腕を天に突き上げサオを立て、顔を持ち上げて空気を吸わせ様子をうかがう。そして右腕に力を込めて寄せにかかりタモに収めた。

タモの中を覗《のぞ》き込みながらしばらく頭の中は真っ白だった。大ものにしかない体型。顔つき。色合い。すべてが野生だ。こんな魚に出会いたくて毎年頑張っている。メジャーを当てると45㎝、今シーズン納得の1尾である。ほんのり黄金色のボディーに、薄いピンクに染まる婚姻色。尾ビレには赤いラインが入り本当に美しい。このサイズになるまで傷がなく成長したのは奇跡的だ。

ローリングによって体中にイトを巻きつけた痕跡は、ヤマメとの闘いに勝ったと感じさせてくれた。石でイケスを造り、30分ほどヤマメを見つめた。姿を目に焼き付け、「アリガトウ」と声を掛けた。そして、お別れの時である。両手で優しく持ち、リリースするとヤマメは力強く流れに帰って行った。大ヤマメよ、バイバイ……。

※追記　実は撮影直後に写真を確認するとＳＤカードが破損して保存されていないことが判明。リリース前だったので保存先を変えたが、スマホの容量がない。仕方なく思い出の写真を数枚削除する羽目に。何もこのタイミングで壊れなくても。皆様も気を付けてくださいね～。

避暑釣行

7月14日（晴れ）／湯檜曽川

「山の中でサオを振りたい」。連日あまりの暑さにそう感じた私は、群馬県みなかみ町の湯檜曽川に足を運んだ。朝日岳を源流とする湯檜曽川は水温も低く水質もよい。

朝５時に現地到着、湯檜曽公園より少し上流部から入渓した。実はこの川でまともにサオをだすのは初めてである。タックルはＤＡＩＷＡプライムテクニカルチューン70、フロロライン０・６号、エサはキヂを用意した。瀬がずっと続くイメージだが、１時間ほどでアタリはさっぱり。途中、クロカワ虫が数匹採れたので試してみるがやはりアタリはない。

なんだかんだと1㎞は釣り歩いただろうか。両側が岩盤帯の淵が現われた。いかにもいそうなポイントである。ガン玉３Ｂを付け、一番深い流れに仕掛けを投入。しっかり底の流れに馴染ませるとモゾモゾとアタリを感じた。これはイワナ？　充分にエサを食い込ませてから合

7/14 湯檜曽川
猛暑を避けて標高のある渓へ。岩盤帯の淵を探ると、なかなかの重量感とともにあがってきたのは目にも鮮やかな色合いのイワナ34㎝（左頁）

わせるとなかなかの重量感が伝わってきた。底にへばりつきながら抵抗するこの引き、間違いない。じっくりやり取りすると浮き上がってきた。すごくきれいな色合いのイワナである。必ず取り込みたい一心で強引に引き寄せタモ入れに成功。オレンジ斑のとても鮮やかな34㎝。ヤマメをねらっていただけに思わぬ収穫だった。

その後も31㎝のイワナを追加した。なぜかヤマメは釣れなかったが尺イワナ2尾に満足して沼田地区の利根川へ移動。しかし梅雨の降雨が少なかったせいで利根川は大渇水。おまけに水温はまるでお湯。少しサオを振ってみたが気温は37℃もあり、そのうち熱中症らしき症状が。危険を感じて早々に車へ戻りクーラーボックスから氷水を取り出してグビグビと飲み、頭に水をかけた。本当にやばかった。無理は禁物、今日の釣りは終了。

帰宅途中、渋川市にある、もつ煮で有名な永井食堂でお土産用の「もつっ子」を購入。帰宅後おいしくいただき体力も復活！

短時間の釣りは実績でポイントを選ぶ

7月15日（晴れ）／荒川

朝、時間ができたので3時間ほど地元の荒川へ向かっ

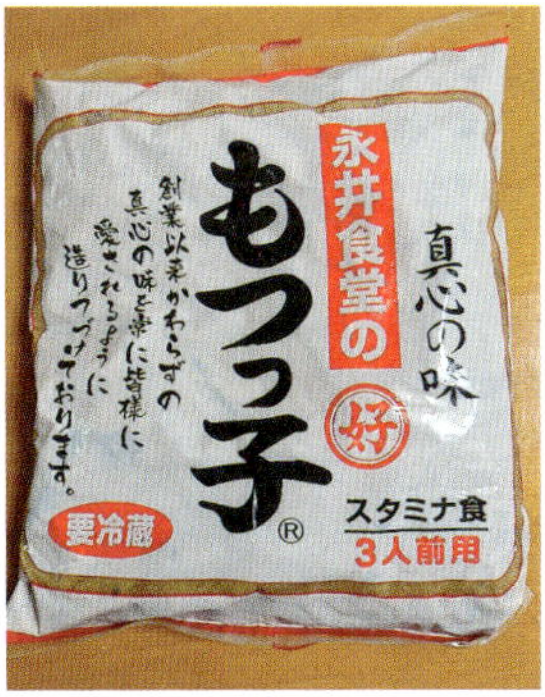

夏バテ対策に永井食堂で「もつっ子」を購入して家路に就いた

た。荒川には2週間ぶりである。5時に市内のポイントへ向かうが釣り人が多い。今回も短時間しかサオをだせない。そのような場合はなるべく人のいないポイントでサオを振り、朝一番で結果を出したい。それには実績の高いポイントであることが出会いへの近道となる。そこで実績はあるが普段は釣り人が少ない秩父橋へ入渓。秩父橋周辺は意外とサオ抜けポイントが存在するので警戒心の薄いヤマメがエサを食ってくる可能性は高い。

秩父橋は2本の橋が架かっている。古いほうは現在、歩行者専用となっている。数年前、秩父を舞台にしたアニメがヒットしてこの秩父橋がアニメによく出てきたことから、ちょっとした観光地にもなっている。秩父橋の上流部は分流の合流点があり好ポイント。今回のサオはDAIWA遡90プロトタイプ。イト0・8号にキヂエサで挑む。合流点はアタリがなくその下流、水深1mほどの瀬でサオを振る。かなりの流れではあるが底石があるため仕掛けは馴染みやすい。

3投目に目印が5㎝ほど下がり手元にアタリが伝わった。合わせるとグングングン！　と手応えが伝わって来た。サオを寝かせてために入るとローリングするヤマメを確認、そして一気に瀬を下り始めた。流れを味方にした引きは強烈だ。ヤマメの引きに合わせて私も下り始めた。かなりのパワーで抵抗するがサオのパワーが上であった。観念してタモに収まったのは白銀の34㎝。恐らく下流の玉淀ダムからの遡上魚と思われる。

その後、秩父公園橋下流のポイント「道玄」へ移動。ここでは尺上ヤマメがヒットしたがバラシ。さらに45㎝ほどの白銀の謎の魚がヒットした。ジャンプ後下流に猛スピードで突進され、必死にやり取りしたが結局イトを切られてしまった（1号に張り替えていたのだが）。でかかった。さらにポイントを移動したが、朝から恐ろしい気温に3時間経たずに終了。今年の夏はマジで暑い。

完敗

7月22日（晴れ）／荒川

連日の猛暑から本流でサオを振るのは危険レベルと感じた私は、秩父大滝地区の荒川でサオをだすことにした。このエリアは場所によってはゴルジュ帯となり太陽の光があまり当たらず涼しい。アタリは少ないが腰まで水に浸かり、のんびりサオを振る。20㎝前後のヤマメが3尾のみ。涼みながら釣りは出来るが、釣果も涼しい。お昼前に退渓し、市内まで戻り秩父市影森の「いっぽんぎ」

7/15 荒川
秩父橋付近で、猛暑を避けて朝の3時間だけの釣り。ハリ掛かり後、一気に瀬を下ったヤマメは34㎝だった

で蕎麦と豚もつ丼を食べた。この店はリーズナブルなうえに味もよいのでお勧めである。

腹いっぱいになり眠くなってきた。気温は37℃。もうこうなると釣りは厳しいので昼寝をするため実家に立ち寄ると、父から今朝、荒川で尺ヤマメが釣れたという話を聞いた。そこで2時間ほど昼寝をしてから父が釣れたと言った武之鼻橋上流へと向かった。

釣り始めて1時間、普段はサオをださない激流の脇に出来る岸から1mほどの緩流帯の流れに仕掛けを振り込んだ。さり気なく流した仕掛けの目印が止まった？　と思いながら合わせると、ズンッと重量感が伝わり水中でローリングする姿が見えた。なんだか頭の中が整理できていない。だが見えている魚は40㎝はある！　これはヤマメだっ!!　と判断がついた瞬間、弓なりに曲がったサオがまっすぐに戻り仕掛けが宙を舞った。バレた。なんだかよく分からないけれどでかいやつが掛かっていた。頭の中は真っ白である。

仕掛けをチェックするとハリは付いている。フロロ0・8号だがイトを切られるサイズではないと感じた私はキヂを付けて再度、同じ流れに仕掛けを振り込んだ。そして先ほど掛かった位置から2mほど下流で仕掛けが止まった。今度はしっかり合わせると、ガツンとハリ掛かりした感触が伝わる。きたっ!!　さっきよりデカイかも？　と感じた瞬間、とてつもないスピードで下流に走り出した。そして一瞬でサオがのされイトを切られてしまった。掛かってから約5秒の出来事だった。

あの動きはヤマメじゃなくニジマスだな、そう自分に言い聞かせて納得させようと努力した。しかし、切られた50mほど下流で50㎝を超える大ヤマメがジャンプしたのだ。そのヤマメは夕日に染まり黄金色に見えた。さっきのやつだ。荒川では今まで体験したことのない手応えであり、全然太刀打ちできなかった。完敗である。

今シーズンの荒川はハズレ年と思っていた。20年間追い続けた荒川の50㎝オーバーヤマメ、今でもいるんだ。うれしさがこみ上げ、悔しさは一つも残らなかった。

サオのパワーを生かす

7月24日（晴れ）／荒川

有給休暇で休みを取った。午後から予定があるためだが、朝のみ釣りが可能なので先日バラした荒川・武之鼻橋へ向かった。5時半に到着したが水量が少ない。先日と同じタックルでサオを振るが気配が全く感じられな

7/22 荒川・大滝地区
猛暑から逃れてゴルジュ帯の渓へ。涼しいのはよいのだが、釣果まで涼しいのはいただけない

「いっぽんぎ」の蕎麦ともつ丼はリーズナブルで味もよくおすすめ

7/24 荒川
埼玉県熊谷市で観測史上日本最高記録となる41.1℃を記録したこの日、うっすらと婚姻色の出た41㎝のヤマメを釣ることができた

い。そこで巴川橋下流にある放水口付近に移動。ここは上流部の水を放水しているので水温が低く、水温が上がっても比較的ヤマメのコンディションはよい。

まずは荒川と放水口の合流点からサオを振った。水深は浅く大ヤマメが付くイメージは感じられないので、合流から少しずつ釣り下った。そして取水口のある流れ込みでサオを振り続けた。川底には岩盤の溝がある。その溝にエサが流れるように操作しながら何度も流すと、小さくコツンとアタリを感じた。素早く鋭く合わせるとしっかりフッキングし、ヤマメが上流にジャンプした。その後は一気に下り始める。サオ先がグングンと暴れ大ものであることが分かる。サオを寝かせ腰を落として引きに耐えた。やり取りの間にサオの曲がりをチェックしたが、バット付近からよい曲がりである。まだまだサオのパワーに余裕があると判断し、さらにサオを絞り込んでヤマメを流れの中から引っ張り出した。水面を割って顔を突き出したところで寄せて取り込む。鼻が少し曲がり、うっすらと婚姻色の出た41㎝のヤマメであった。

かなり強い引きで楽しませてくれたが、プロトタイプのサオの仕上がりもよい感じである。短い時間であったが素晴らしいヤマメと出会えて感無量であった。

この日、埼玉県熊谷市では最高気温41・1℃を観測し、観測史上日本最高気温記録となった。

超渇水

7月29日（晴れ）／魚野川

今日は荒川銀影会の例会でホームにしている荒川で仲間とサオを振るはずであった。しかし台風12号の影響から28日、秩父地方は大雨警報が発令。川の水位も急上昇で釣りをする状況ではない。天気予報では新潟県は雨が降らないという。仲間と話し合った結果、新潟県魚沼地方を流れる魚野川へ行くことになり8人のメンバーが集まってくれた。

魚野川は新潟・群馬県境の谷川岳を水源としている。魚沼は豪雪地帯で、周囲の山々は雪解け水をたくさん貯えている。おかげで魚野川と各支流は水量豊かで水温が安定し、夏でもヤマメが釣れるチャンスがある。

29日深夜2時、会員の逸見くんと土砂降りの中、魚野川を目差し出発。群馬県渋川市を過ぎた辺りから夜空に星が見えるようになってきた。関越トンネルを越えて、待ち合わせ場所の塩沢石打SAに3時半到着。ミーティングを行ない、小出～浦佐エリアでサオをだすことに決定してポイントへ向かった。私と逸見くんは浦佐駅周辺の魚野川へ入渓した。車を橋の下に停めて河川敷の道を上流へ300mほど歩く。草むらを突き抜けて河原に出てびっくり！　こんな魚野川は見たことがない、超渇水である。春の異常な高温で雪解けが早く進み山に残雪がないと聞いてはいたが、これほどまでとは。それでもどこかにヤマメはいるはずと思い、サオをだした。タックルはDAIWA遡 P―3　90M・V、ラインは大型を想定してDAIWAタフロングレイトZカスタム1号、ハリはがまかつマス9号、エサはキヂを用意した。

左岸側が護岸され、対岸には消波ブロックが入るポイントをねらう。いかにもいそうではあるが何もアタリがない。逸見くんも同じである。2時間ほどサオをだしたが気配を感じず、小出地区の福山橋下流に移動した。ここで会員の井上さんと合流、3人でサオをだすことにした。渇水で簡単に徒渉できるので左岸側に渡り、下流の大きなトロ場をねらう。逸見くんと井上さんは流れ込み付近。私はその下流側に分かれた。

約10分後、逸見くんのサオが大きく弧を描いた。かなりの大ものらしく腰を落としてサオを絞り込んでいる。寄せると走って抵抗を見せるが3分ほどのやり取りでタ

7/29 魚野川・三国川
地元の荒川とは打って変わって好天に恵まれた

モに収まった。ヒレピンの48㎝ニジマスである。魚野川の冷水で育った筋肉質でかっこいい魚体であった。

ニジマスがヒットした場所から15mほど下流のカケアガリとなる緩やかな流れでサオを振らせてもらうと、ガツンとアタリ。合わせたがフッキングしない。キヂを付け直して数回同じ筋に仕掛けを流す。ふたたびアタリがあり、今度はアワセが決まった。水中で銀色に輝く姿が見え、本命のヤマメであることが分かる。走られないようにサオを絞り、反発力で魚が寄るように操作した。水面に顔を出したところで一気に寄せる。タモに収まったのは白銀の本流ヤマメ。メジャーを当てると33㎝。渇水で厳しい状況の中、うれしい出会いとなった。

8名で挑んだ魚野川だが、全体的には厳しい釣果となった。しかし、他のポイントでサオを振った吉野さんに大ものがヒットして1号を切られたようである。

お昼は南魚沼市の葡萄の花で本気丼（マジ丼と読む）を食べた。ローストビーフが乗っているのだが、そのローストビーフを目の前であぶってくれる。味は写真で判断してほしい。私はとても美味しくいただいた。腹いっぱいになったところで三国川上流部にある十字峡に移動、そしてみんなで夕方までサオを振り楽しんだ。

腰を落としてサオを絞り込み引きに
耐える逸見くん。素晴らしいファイト
の相手は48㎝のニジマスだった

私も白銀の本流ヤマメ33㎝を釣ることができた

この日は荒川銀影会の例会につき、クラブ員が勢ぞろい

本気丼と書いて「マジ丼」と読む。ローストビーフは目の前であぶってくれる

十字峡の大堰堤下の流れを皆で楽しくねらう(三国川)

8月

遠征取材

8月3日（晴れ）／九頭竜川・真名川

月刊『つり人』の取材で編集部Oさんと福井県九頭竜川へ。関越道↓上信越道↓北陸道で福井県を目差す。自宅を22時に出発し、約500㎞のロングドライブで朝4時頃、現地のコンビニで上州屋新福井店勤務の田口さんと合流した。田口さんには以前から九頭竜川の魅力を聞いていた。それはパーマークが残る40オーバーのヤマメが釣れる話である。その大ヤマメをねらいに九頭竜川へ来たのだが、7月の西日本豪雨の影響もあり川の濁りが強い。そんな中、大野市漁協管轄内でサオを振り続けると大型の魚が掛かったのであるが……翌日の釣りと合わせて詳細は月刊『つり人』で紹介したいと思う。

川のコンディションがよくないので支流の真名川へ移動。ここで出会ったヤマメは関東の河川に生息するヤマメの表情とはどことなく違った感じがして、新鮮な気持ちがした。夜は越前大野城の近所の旅館で宿泊。美味しい料理を堪能して早めに就寝した。

丸々太った尺ヤマメ

8月4日（晴れ）／小川

朝4時起床。九頭竜川の状況が悪く富山県でサオをだすことにした。大野市からは2時間半の大移動である。九頭竜川が流れる里を横目に走る。辺り一面の水田には朝霧が立ち込め、素晴らしい景色が広がっていた。

日本海に注ぐ各河川を渡り富山県朝日町を流れる小川に到着。釣りを開始した時には8時を過ぎていた。移動に時間をかけた割にはこちらも増水と濁りで荒れ気味ではあったが、それでも丸々太った尺ヤマメがサオを絞り込んでくれた。

入れ食い

8月11日（雨のち曇り）／黒部川

夏休みとなり、富山県黒部川へ向かった。黒部川は上流のイワナが有名だが、宇奈月付近ではヤマメの魚影も多い。自宅から現地までは高速道路で4時間近くかかる。北陸道を走り、新潟県糸魚川市を過ぎた辺りから突然の雨。しかも土砂降り。安全運転を心がけて走り続けていると、富山県に入った辺りで今度は前方車が突然徐

8/3 九頭竜川・真名川
パーマークのある40㎝オーバーのヤマメを求めて九頭竜川でサオを振るが……

遠征釣行は気持ちをどこかおおらかにさせてくれる。上州屋新福井店勤務の田口さん（中）、月刊『つり人』編集部Oさん（右）と

支流の真名川とヤマメ。関東の川とはヤマメの表情がどことなく違う印象だった

8/4 小川

「丸々と太った」という表現がぴったりの28㎝（上）と尺ヤマメ（下）

行し、車体が左側に傾いた？？？　と思っていると右前方に黒い物体が転がっている。そう、タイヤである。走行中にホイールごと外れてしまったようだ。事故にならず、こちらもタイヤに当たらずよかった。しかし明け方で視界が利いていたので避けることが出来たが、暗闇の夜間だったらと考えるとゾッとした。

現地には5時到着。雨は止む気配もなく強い降りだが、スマホで雨雲レーダーを見ると9時くらいには雨雲が通過するらしい。そこでほかの川の様子を見に行った。片貝川、早月川を回ったが水位が低く、とてもヤマメが釣れるような状況ではなかった。ふたたび黒部川に戻り、宇奈月温泉の下流へ入渓した。今回はヤマメの数釣りねらいなので、サオ先がしなやかで食い込み重視のＤＡＩＷＡプライム本流硬調85にする。ラインはＤＡＩＷＡタフロン速攻０・４号。ハリはがまかつマス７号。ハリの号数はエサの大きさに合わせるとよい。

夏休みで釣り人の姿は多い。だからといって場荒れしているかと思えばそんなことはなく、ヤマメが入れ食いである。釣れるサイズはすべて20㎝ほど。そこで流れの強い瀬の中で白泡が消えかかる流速に仕掛けを投入すると、すぐにアタリが出た。アワセも決まりなかなかよい引きで抵抗する。サオを寝かせて引きをいなしタモに入れた。サイズは27㎝であるが、流れの中で育つヤマメは筋肉質でパワーもある。

その後は同サイズが連発した。何度もやり取りをすることで釣り人の経験値は上がる。引き抜き等の技術も向上する。水温は16℃ほどでこの時期の他の河川に比べると非常に低い。酷暑の夏にはもってこいの釣りであった。

濁流の中の白銀ヤマメ

8月13日（晴れ）／千曲川

相変わらず灼熱の日本列島。本流釣りは日陰が少なく炎天下の下でサオを振る。河原の石が焼けて体感温度はさらに高い。水温も例年より高く、釣り人にも渓魚にもつらいシーズンである。

こんな時、私は標高の高い釣り場に行くことが多い。今日は長野県千曲川に足を運んだ。遊漁券を購入して佐久穂町の釣り場へ向かう。橋の上から川の様子をうかがうと、なんとドロドロの濁流！　遊漁券を購入してしまったので他の河川へ移動するわけにもいかず、しかたなく濁流の中でサオをだす。川の規模を考えて選択したＤＡＩＷＡ遡　フレイムホークＰ―２　72を選択、ライ

8/11 黒部川
雨後の流れを釣る。1ヵ所での釣果。
27㎝のヤマメを筆頭に数が出た

8/13 千曲川・佐久穂町
川を見てから遊漁券を買うんだったと後悔。流れは濁流と化していた。それでも、濁りが強い時はどこを釣るべきかのヒントになる一日だった

ンはDAIWAタフロンZα1号、ハリはがまかつマス9号。エサは濁りの中でもヤマメにアピールできるようにと大きなキヂを使うことを心掛けた。

瀬や淵の中を何回も流すがやはりアタリはない。そこで淵の岸際へ仕掛けを流してみた。水深30〜50㎝である。すると突如アタリがあり、サオを大きくあおって合わせると超重量感が伝わってきた。これは大ヤマメの手応え！　ヨシヨシと思った瞬間、満月に曲がるサオがまっすぐになりラインのテンションがなくなった。水面付近で白銀のヤマメが反転して流れに戻って行くのが見えた。厳しい状況の中、やっと掛けたチャンスをモノに出来なかった。

浅い場所でヒットしたのは、ヤマメが濁流を避けて少しでも視界のよい流れに移動していたからかもしれない。今後、濁流でのヤマメ釣りに役立つかもしれない。

午前7時納竿!?

8月18日（晴れ）／千曲川

朝のみ釣りが可能な日。9時には自宅に帰らなければならない。どこの川に行けばよいか悩む。13日にバラした大ものがすごく気になる。結局、高速道路が佐久穂町

8/18 千曲川・佐久穂町
20㎝ほどの幅広ヤマメをヒットした後、同じ筋で食ってきた31c㎝ヤマメ

までつながり1時間半あれば帰宅できることから2時間だけサオを振るために千曲川へ向かった。

行きは一般道なので真夜中2時に自宅を出発。途中で気付いたのだが、車外気温が20℃度を下回っている。内山峠を越えた辺りからは一気に15℃まで下がり、目的地の佐久穂町周辺に着いた時にはなんと8℃しかない！あまりの寒さにレインウエアを着て川へ向かった。

水温が心配だが水の中はそれほど下がっていなかった。13日のような濁りもなくササニゴリで水量もかなり下がり、平水よりやや高い程度。前回バラした淵の流れだけを釣ろうと他のポイントは無視して川を下った。タックルも13日と同様である。まずは前回バラした淵の岸際付近の流れを丹念に流すがアタリはない。そこから流心を流し少しずつ下りながら仕掛けを何度も流した。

流れが緩くなり表面の泡が消えかかる地点まで釣り下った時、コツッとアタリがあり合わせると20㎝ほどの幅広ヤマメが釣れた。ふたたび同じ筋を流すと今度はガツンと大きめのアタリ。すかさず合わせると鋭い引きで抵抗してきた。しかしサオをためると魚はサオのパワーに負けて下流には下れない。それほど大型ではないと判断して強引に引き寄せてタモに入れた。メジャーを当てると31㎝、尾ビレのオレンジ色がとても鮮やかできれいなヤマメであった。

時計を見るとすでに7時だ。前回バラした大ものには出会えていないが、9時までに帰宅しないといけない。あわてて帰り支度を済ませ、佐久穂から高速道路に乗った。初めてこの区間を走行したがよい眺めで癒された(よそ見運転には気を付けないといけないのだけれど)。

未練

8月25日(晴れ)/千曲川

13日の大ものが頭から離れず三度同じポイントへ。しかし水況は悪化してまたも濁流。この日も結局あの大ものには出会えず、29、28㎝のヤマメが釣れただけであった。あの大ものはもうこのポイントにはいないのか? そう思うと残念な気持ちでいっぱいになり、河原にはススキの穂がだいぶ生えてきて秋を感じる一日であった。

他人の釣りから学ぶ

8月28日(曇り)/千曲川

なんと自分はしつこいのだろうか、まだあの大ものが忘れられない。あの場所でサオが振りたい一心で千曲川へ向かう。今回は山梨県在住の市川洋さん、長野県在住の伊藤伸一さんと私の3人で挑むことになった。小海町のセブンイレブンに6時集合、遊漁券を購入して軽くミーティング。だが気がつくと話が盛り上がりすぎて7時になってしまった。あわてて川へ向かい橋の上から様子を見るとなんと! 「超」が付くほどの濁流ではないか。いつの間に雨が降ったのか。今回は天気予報等を常にチェックしていたので本気でガッカリ。遊漁券も購入してしまったので仕方なく支流の相木川へ向かった。

まずは小海小学校裏から入渓した。タックルはDAIWAエキスパート テクニカルチューン70、DAIWAタフロンZα0・6号、マス6号を選択。市川さん、伊藤さんも渓流ザオで挑戦。相木川は平坦な里川で、瀬が多いが水深のあるポイントもところどころに見られる。

普段はヤマメの魚影が多く、よい思いを何度かしているのだが、この日はなぜかアタリが少ない。そしてお盆に放流されたニジマスがあちらこちらで掛かってくる。

2㎞ほど釣り歩いたが今イチのため、約3㎞上流にある大きな滝壺へ移動した。3人では滝壺を釣ることが出来ないので私は滝上のポイントでサオをだした。滝の上流は岩盤帯で深く掘れた溝がある。その溝がよい感じな

8/25 千曲川・佐久穂町
三度目のチャレンジ、しかし出たのは泣き尺サイズ。先日逃げられた大ヤマメはもういないのだろうか

8/28 相木川
市川洋さん、伊藤伸一さん（手前）と千曲川を釣るつもりが、超濁流のため支流の相木川へエスケープ。朱点のきれいなアマゴを手にしているのは市川さん

ので下流側から上流にサオを振り込み、仕掛けを流すとよいアタリが伝わってきた。アワセと同時に水中でギラギラ輝く魚体を確認。サオもよい感じで曲がり、しばらくやり取りしてタモにおさめた。渓流育ちのきれいな27㎝のヤマメである。釣果報告に滝下に移動すると伊藤さんも25㎝ほどのヤマメを釣りあげていた。

その後は交代でサオをだしながら釣り下った。私は市川さんと伊藤さんの後ろで見学した。仕掛けの振り込み精度、構え、立ち位置などすべてが一級である。普段、人の釣りを見る機会が少ない私はとても勉強になった。

数は出なかったが、3人とも良型のヤマメを手にすることができて満足のいく釣行となった。たまには数名で渓流を釣り歩くのもよいなと感じられた一日であった。

7〜8月を振り返って

7月はやっと念願の大台となるヤマメを手にした。私の中で大台とは40㎝を超えるヤマメをいう。なかなか出会えるサイズではないだけにひとつの目標としている。

とりあえず40㎝を超えるヤマメが釣れてほっとしたところではあるが、7月を待たずに梅雨が明けてしまった。晴天が続き、7月に入ると川の水位がかなり減水して厳しい状況。そして日中の気温は37〜39℃となり、本流でサオを振り続けるのは身体に異常が出るのではないかと思うほど危険であった。例年なら7月中旬までは梅雨の長雨で気温もそれほど上がらず、本流釣りには最高の季節だったのだが、ここ数年、梅雨らしさがなくなった気がする。実は梅雨って、なくなってしまったのでは？

7月下旬、今度は雨の日が多くなり西日本ではとんでもない豪雨で水害が発生した。地球温暖化の影響か、日本列島ではゲリラ豪雨や、大型台風が上陸するなどして、それらが引き起こす洪水が非常に増えた。これから先、ヤマメの棲む本流域はどうなってしまうか心配である。

そして8月。通常なら居着きの大ヤマメが釣れだす季節である。毎年、千曲川で居着きの大ヤマメをねらうことが多いが、その上流域でゲリラ豪雨の日が多く、行くたび濁流に見舞われた。8月は高確率で大ヤマメを仕留めていたが厳しい結果となってしまった。

私は今まで数多くの河川に足を運んだ。3年で16万㎞も車を走らせたこともある。その中で一例ではあるが、濁りが入りやすい川、入りにくい川、濁りが取れやすい川、水温が高い川、低い川等、いろいろなことを自分の目で確かめ、身体で感じることで引き出しを増やした。それによって、その日の天候や気温で釣り場を選び、釣果に結び付けてきた。

残り1ヵ月。時間が許す限り川へ向かい大ものをねらいたいが、天候に家庭の事情に財布の中身も心配である。果たしてどんなラストになるのやら。

9月

9/1 荒川・放水口付近
サオの曲がりを生かして大ヤマメと格闘中
（詳細P84より）

9/1 荒川・放水口付近
パワフルな引きで楽しませてくれた40㎝ヤマメ。パーマークがうっすらと残っていた
（詳細P84より）

獣のジンクス⁉

9月1日（雨のち曇り）／荒川

シーズンも残すところあと1ヵ月。7月末の逆走台風12号の影響で大増水してからサオをだせずにいた地元・荒川の水位がだいぶ下がり、何とか釣りが出来る状況になってきた。久しぶりにサオをだしたくなり、まだ夜が明けきらない道を走った。私の住まいから荒川へ向かう道はほとんど山間部である。カーブを曲がった瞬間、茶色い物体が急接近してあわてて急ブレーキ！　相手はイノシシの子供であった。幼い顔をしていてかわいい。何とか車と接触せずにすんでよかった。

そういえば10年前に気付いたことだが、私の場合、川に向かう道中で獣に出会った時はよい釣果に恵まれるというジンクスがある。7月24日に荒川を訪れた時はキツネを見た。そして41㎝のヤマメが釣れたのである。もしかして今回も？　そんな期待も込めて7時頃から荒川では一番人気の放水口付近に入った。

今回のタックルはＤＡＩＷＡ遡 フレイムホークＰ―3 90Ｍプロトロッド、ＤＡＩＷＡタフロンＺα0・8号、マス9号、エサはキヂである。ここは本流の流れと放水口の流れが合流する地点から100ｍほど下流までがポイントとなる。合流点は水深が浅く流れが速いが、100ｍほど下流では1・5ｍほどの水深となり、流れは緩やかになる。この流れを上から下に立ち位置を少しずつ変えながら仕掛けを流していく。

何往復かした時、合流から30ｍほど下流の流れで、対岸の底石が沈む付近で鋭いアタリとともに一気にサオが絞り込まれた。サオを絞り引きに耐えようとしたがラインは0・8号。これは切られてしまうと感じた私は、魚の引きに合わせ少しずつ下流に下り始めた。かなり強烈な手応えで、サオが常に曲がった状態を維持したままやり取りをすることを心がけた。そうしないとサオの弾力を生かせずラインを切られることになる。15ｍほど下り、少しずつヤマメとの距離が近くなってきた。サオを立ててみたり寝かせてみたり、ヤマメが弱るようにテンションを掛けているとついに顔が持ち上がってきた。そして、そのまま寄せに入りタモ入れ成功。まだまだギンギンなボディーでうっすらとパーマークが残る40㎝の大ヤマメであった。大増水でも無事に生き残った強い個体のパワーで楽しませてくれた大ヤマメ。感謝の気持ちを込め、リリースした。

その後アタリは一切なく、お昼前にサオをしまった。獣のジンクスはやはり健在かもしれない。

不注意

9月2日（雨）／荒川

昨日のあの手応えをふたたび味わいたく、荒川へと向かう。道中かなり強い雨。放水口に到着したのは朝5時。スマホで雨雲レーダーを確認すると山間部の雨量は弱そうなので問題はないだろう。

タックルは昨日探っていない放水口の流れを釣るためにDAIWA遡 フレイムホークP—272を選択。ラインはDAIWAタフロンZα1・25号。ハリはマス9号。エサはキヂ。放水口は川幅は5mほどだが「超」が付く激流。所々に緩流帯があり、それがポイントとなる。長ザオも使えるが操作性のよい7・2mにした。放水口へ行くには川を2回渡らなければいけない。この時、前日より若干水量が高くなっていることに気が付いた。まあ雨も降っているし当然だ。そして中州からふたたび川を渡り、放水口の流れにたどり着いた。サオを伸ばし、手前の流れから仕掛けを流して徐々に放水口の出口の流れへとポイントを変えていく。水深は30〜50㎝。水深はないが水流が強いのでオモリはガン玉4B。ハリスはエサが浮き上がらないように15㎝ほどにした。

出口の流れが巻いておりそこがポイントである。20分ほど粘っていると、ガツッ！　と派手なアタリ。サオを大きくあおり合わせると、ズシッと重量感のある手応えが伝わってきた。サオを立て引きに耐えようとした次の瞬間、魚は一気に下った。私はサオを水平に寝かせ、少しでも動きを止めようとサオを絞るがすごいパワーである。そしてダッシュで魚に着いて行ったものの、弓なりになっていたサオが一気にまっすぐになってしまった。ラインが切られていた。無念であるがバラシよりラインを切られた時のほうがなぜか悔しさは残らない。

ラインを1・5号に張り替えて再度チャレンジ。雨足が強くなり、放水口の流れが濁り始めた。ふと本流の流れを見ると、そちらも濁りが入り少し増水したように感じた。5分後、もう一度本流に目をやると先ほどは見えなかった白波が！　これはかなりピンチである。あわててサオを右手に激流と化した本流を渡り中州へ。そして中州を走りもう1本の流れも何とか渡って車へと戻ることが出来た。これは本当に不注意だ。放水口で釣りをしていると、本流の流れが背後となるため振り返らないと見えない。そして一番の不覚が雨雲レーダーである。降水量で確認すると夜中の山間部は土砂降りだった。それが何時間もかけて下流へと流れてきたのである。

車に戻り1時間ほど川を見ていると、朝の水位より50㎝は上昇した。今回は釣りに夢中になりすぎた。事故に遭わなくてよかったが本当に反省しなくてはいけない。

ニジマスではなかった

9月9日（曇り）／利根川

群馬県利根川・坂東地区を訪れた。今回はＤＡＩＷＡ渓流カタログ撮影のため、ＤＡＩＷＡ本流釣りテスターの狩野さん、笹尾さんと同行させていただいた。朝7時過ぎ、ひするまキャンプ場裏の瀬を釣るが15㎝前後のヤマメが数尾釣れただけ。その後、各ポイントを釣り歩くも状況は今一つ。やはり今年の夏は気温が高く水温も軽く20℃を超えたため、本流のヤマメも普段いるべき流れにはさっぱりいない。かなり厳しい状況である。そこで場所を片品川へ移動する話が出た。時間は15時となり、移動して2時間サオをだせればよい感じである。

わずかな希望を胸に本日2枚目の遊漁券を購入して沼田市下久屋町付近へ。ここは発電用の放水口があり水温がとても低い。放水口から出た流れと本流の合流点は深い淵で、いかにも大ものがいそうな気配が満ちあふれていた。私は放水口付近の流れでサオをだす。ＤＡＩＷＡ遡フレイムホークＰ3 90Ｍ、ＤＡＩＷＡタフロンＺα0・8号　、マス9号、エサはキヂで挑む。流れ込みから一気に水深があるためガン玉3Ｂを2個付けする。そして自分より上流に振り込み、正面で底の流れにエサが馴染むようにした。そこからはサオ先よりも仕掛けが優先で流れるようにサオを操作する。

時間は刻々と過ぎていく。少しずつ暗くなるのを感じて焦りも出る。小さなアタリが頻繁にあるがこれはすべてウグイだ。そこで放水口から出た瀬の流れに仕掛けを振り込むと1投目でかすかに手元にアタリを感じてすかさず合わせる。その直後、ハリ掛かりした魚がジャンプした。なかなかの大ものであるが少し細めの体型で黄金色だ。イワナ？　と感じたが鋭い引きを見せる。バラシやイト切れを恐れ、サオをあまり絞り込まずに刺激を与えないようにやり取りした。時折水中の姿が確認できる。側面が赤いではないか！　これはもしかしてニジマスでは？　だんだん本命の希望が薄れてきた。

それでも何とかタモに入れたい一心でやり取りして魚

9/9 利根川(坂東地区)
利根川本流を釣る狩野さん

との距離がだいぶ近くなった時、尾ビレがオレンジ色であることが分かり、「本物だ!」と私は声を上げた。ヤマメと分かった瞬間から新たな緊張感が生まれた。何が何でもタモに収めたい。その気持ちがミスを誘う。まだ弱っていないヤマメを強引にタモ入れようとして失敗したのである。その瞬間、ラインのテンションは緩み、ハリが外れた???と思ったが幸運にもヤマメとまだ繋《つな》がっていた。今度はしっかり弱るのを待ち、タモに収めることが出来た。

婚姻色を身にまとい鼻が少し曲がり始めた、とても美しい色合いをしたヤマメである。細身であるがサイズはありそう。メジャーを当てると43㎝であった。時計の針は17時を回っていた。

朝から大苦戦だったが、一発大逆転の出来事に満足のいく釣行となった。今回、使用した遡 フレイムホークP3 90Mは来シーズン発売の本流ザオである。感度がよくパワーもある。そして何より操作性がよく扱いやすい。今回の出会いは小さなアタリを逃さず捉えたサオがもたらしてくれた1尾といってもよいであろう。「よいサオによい出会いあり」である。

9/9 片品川（下久屋町付近）
婚姻色を身にまとい鼻が少し曲がり始めたヤマメ43cm。
朝からの大苦戦を土壇場でひっくり返すことができた

Flame

ぎりぎりの駆け引き

9月12日（雨のち雲）／荒川

スマホで川の水位をチェックすると9月2日に増水した荒川の水位がかなり下がってきた。チャンスと思い、有給休暇を取り荒川に向かった。平日だけに川に人の姿はない。

最初に入った場所は先日大ものに切られた放水口である。しかし2時間ほど粘るが音沙汰なし。次に向かったのは佐久良橋上流のポイント「滝坂」だが残念ながら先行者がいた。同じことを考える釣り人もいるものだと少々残念な気持ちで佐久良橋下流のポイントに移動した。このエリアは川底が岩盤で荒瀬が続くポイント。その荒瀬の中に所々岩盤の溝があり、その溝の中のみ流れが緩くポイントとなる。

底石がないので押しは強くガン玉5Bで仕掛けを流した。エサのキヂがなるべく川底に馴染むように、ねらう流れよりも立ち位置を上流にして流す。エサ優先で少しラインにテンションを掛けながら流すことで仕掛けにブレーキが掛かりやすく、底の流れに馴染ませやすいのだ。点々とある荒瀬の中の溝を目視で探しながら釣り歩くと、大きく目印が動くアタリ！　そして次の瞬間、遡フレイムホークP―3 90Mプロトロッドが弧を描いた。強烈な引きからして大ものである。サオを水面ぎりぎりに寝かせて絞り込んだ。サオを立てて絞り込むと魚が横になり、水抵抗を受けてどんどん下流に泳いで行ってしまう。水面ぎりぎりに寝かせて上流側に絞ると魚は頭を上流に向けているので下ることがなく、水流抵抗も大きくならないため軽い力でサオを絞っていられるのだ。イト切れやバラさない程度の力加減で、そして魚に下られない適度な力でサオを絞ることが重要だ。

こうして絞っているとだいたい魚は上流へ上がって来るのだが、今回はジワジワと下られている。私も立ち位置をジワジワと下流へずらしながら、その強い引きに耐えた。しかし、足元の岩盤は垢《あか》が付いて滑りやすく、今にも転倒してしまいそう。やり取り中にときどき見える魚体はヤマメと判断出来た。最初は右岸から川の真ん中に立ち込み左岸側を向いてやり取りしていたが、180度方向転換して右岸向きになる。そして立ち位置を右岸岸際に移動して5分後、やっとヤマメが顔を出した。私はこの瞬間いつも焦って取り急いでしまう。そしてタモ入れ失敗↓涙。だが今回も幸運にもハリは外れていな

9/12 荒川・佐久良橋下流
サクラマスと見紛う魚体の44㎝ヤマメ。激闘を制し、大満足の1尾

9/15 千曲川・南牧村
40.5㎝の大ヤマメ（オス）と35㎝のメスヤマメ。産卵を意識したペアなのかもしれないと思い、撮影後慎重に流れに戻した

かった。二度目はしっかり焦らず頭からタモに入れた。これはデカイ。サクラマスのような魚体のヤマメで全長44㎝。かなり手こずったが、大満足の1尾であった。

淵のカケアガリで

9月15日（雨）／千曲川

禁漁まであと半月。この日は千曲川、南牧村へ向かった。雨が強く気温も低い。大ものが動くチャンスと感じた。タックルはDAIWA遡P―272、DAIWAタフロンZα0・8号、マス9号、エサはキヂである。南牧村付近を流れる千曲川は落差が少なく平坦な流れである。瀬が多いが、川が蛇行する場所には淵があることが多い。

杣添川合流点上流の大きな淵からサオをだした。しばらく粘るがアタリはない。その上流へと釣り上がると低い堰堤がある。しかし、ここでもアタリはない。かなり場荒れしていると感じて車で上流へ移動した。杣添川合流付近はやや濁りが入っていたが、少し上流はほぼ濁りがない。雰囲気もよい感じである。対岸にはレタス畑が広がり、その畑に向かう橋の上流に水深のある淵がある。雨も強く濁りが入ってくることを懸念してこの淵で粘る

ことにした。このエリアは例年は水量が少ない。しかし今年は長雨で水量が多く、ヤマメがこのエリアまで来ているのではと考えた。
粘ること30分、アタリがあった。しっかりフッキングして1分ほどやり取りをしてタモに取り込んだヤマメは35㎝のメスであった。メスがいるなら？　そう思い仕掛けを流すこと10数回、淵のカケアガリ付近でガガッ！と手元に派手なアタリ。大きく合わせると水中でギラギラ輝くヤマメの姿が確認できた。これはデカイ。かなり凶暴な引きで抵抗する。ここで少しテンションを緩めてヤマメを暴れないようコントロール。水深があるのでヤマメが浮いては潜り浮いては潜りの繰り返しである。無理しないようにサオを絞り、時間をかけて弱らせること3分ほどで観念したらしく一気に寄せて取り込んだ。鼻がとんがり婚姻色の下側にパーマークが見える。40・5㎝の大ヤマメである。
9月に入り、毎回のように大ものに出会えているのは、各河川の水位が高くエサも豊富に流れてきて魚が大型化しているのだと思う。カッコいいヤマメに出会えたことは、とてもうれしい。だがオスとメスが同じ場所で釣れたということは、産卵を控えていたのであろう。う

9/22 荒川·放水口付近
2018年シーズン最後の荒川釣行。今年も
いろんな出会いがあった

れしい反面少し切なくもあったが、しっかり子孫を残してほしいと気持ちをヤマメに伝えそっと流れに帰してあげた。

秋ヤマメ

9月22日（晴れ）／荒川

いよいよ渓流シーズンもあと1週間。今日は地元荒川のラスト釣行に出掛けた。前回と同じポイントの放水口に朝6時に到着。川を見渡すと下流に先行者がいた。遠目ではあるがあの姿は……近づいてみるとやはり親父である（笑）。状況を聞くと、

「小さなアタリはあるんだけどな～」

「ウグイじゃないの」

「そうかもな～」

私も一緒にサオを振らせてもらった。放水口合流点より少し下流の流れで、なるべく川底に変化のある場所を探った。そこから徐々に下流側へ移動。水揚げ場の建物がある場所まで下ってきた。放水口から150mほど下流である。川に石が組まれて堰《せ》き止められている。水深は1m50㎝ほどだが、このポイントは大型のヤマメが付いていることが多い。護岸の対岸ぎりぎりに仕掛けを流した。今日のタックルはDAIWA遡 フレイムホークP―390、DAIWAタフロンZα0・8号、マス9号。いつも使用している信頼のおけるサオである。

川底が砂地で流れに押しがあり、仕掛けを上手く流しにくい。このようなポイントでは川底にオモリを置いて仕掛けが馴染むような工夫をしている。砂の上をオモリがコロコロ転がるイメージだ。このような感じで仕掛けを流すと小さなアタリがきた。しかしタイミングがつかめず合わせなかった。ふたたび同じ流れを流すとまたしても小さなアタリ。今度は合わせたがハリ掛かりしなかった。そこでオモリのガン玉4Bに3Bを追加して、より仕掛けをゆっくり流すことにした。エサも食い込みがよくなるように小さめのキヂを付けて仕掛けを流すと、ググッと抑え込まれた瞬間、私は反射的に合わせていた。サオは大きく曲がり大ものが掛かっていることが分かった。右手でサオ尻を持ち、左は手尻から50㎝上をつかみサオを絞り込んだ。婚姻色の魚体が見える。慎重にやり取りするが水温がかなり低下しており、ヤマメの引きはそれほど強くない。思いのほかすんなりタモに入れることができた。メジャーを当てると37㎝あった。鼻曲がりのオスでかなり色付いている。このヤマメを見て

9/22 荒川・放水口付近
秋を強く感じさせられた色合いのヤマメ37㎝

いたら、秋を感じて切ない気持ちになってしまった。ヤマメの顔をよく自分の頭の中に焼き付けてリリースした。ラスト、あと1回。最後は渓流釣りを覚えたあの川へ行ってみよう。

雨のカーテン

9月29日（雨）／南相木川・千曲川

渓流シーズン最後の週末。台風24号の影響で天候も下り坂。日曜日は増水で釣りにならないのでこの日がラスト釣行だろう。どこの川に行こうか迷ったが、やはり私が渓流釣りを覚えた長野県相木川の上流、南相木川へ向かうことにした。今年の春に訪れた川だ。

自宅を朝5時に出発して高速道路を1時間半走ると長野県小海町へ到着する。途中から雨が降りだし雨足も強くなってきた。天気予報よりもかなり早い。とりあえず早々に遊漁券を購入して南相木川へ向かう。最初に入渓したのは南相木村役場付近。ここは民家のすぐ脇を川がのどかに流れ、里川の雰囲気たっぷりである。瀬がメインで初心者でも歩きやすい。川幅は狭く5～6ｍのサオでも充分対応可能だが、私はＤＡＩＷＡエキスパートテクニカルチューン70を6・5ｍで使用した。ラインはＤＡＩＷＡタフロン速攻0・5号、エサはいつもと同じキヂだ。このタックルで南相木川の流れをねらう。

雨の影響で適度に増水してよい感じの流れだが、さっぱりアタリがない。気温は12～13℃で水温もかなり低い。魚の活性も低いのだろう。このポイントをあきらめて次に向かったのは「おみかの滝」上流部の流れである。滝上の流れは一変して荒々しい落ち込みがあり、対岸は岩壁で渓流らしさが増し、良型が潜みそうな深い流れもある。水色もササニゴリとなり期待が深まる中、ひざ下ほどの水深の流れから待望のアタリである。合わせるとなかなかの良型だ。サオを立ててやり取りをしたが、実は遊歩道の上からサオをだしてのヒットである。取り込むにも簡単に降りることが出来ない。いろいろ迷ったが、一か八かでやり取り中の魚を抜いてタモに入れた。すごくきれなアマゴである。川に降りて写真を撮った。鼻が少し曲がり、婚姻色が出ている。サイズは尺に届かなかったが、その野生美あふれる魚体に感動した。

その後、数尾のアマゴを手にして場所を千曲川へ移した。移動した先は8月に大型のヤマメをバラしたポイントである。橋の上から川の様子を見ると、平水より50㎝は高そうだ。だが濁りはササニゴリで釣りにはなりそう

9/29 南相木川
シーズン終了に思いを馳せながら雨降る里川を釣る。今年もいろんな出会いがあった

おみかの滝上流部を釣る

だ。早々に支度をしてポイントへ向かった。

左岸側は消波ブロックが入るポイントであるがその脇は水深が浅い。増水で川幅もあるので腰まで立ち込み、流心に仕掛けを振り込むが、いつもなら届く流れも今日は届かない。目の前にある流れがすごく遠く感じる。悔しい。あの流れに仕掛けが届きさえすれば。

雨脚はさらに強まり濁りもどんどん強くなる。あの大ヤマメはきっと今でもこの流れに潜んでいると思うとまだまだサオを振り続けて勝負したい。だが、これ以上続けるのは危険と判断して納竿することにした。

２０１８年は酷暑と台風やゲリラ豪雨の影響で厳しいシーズンとなったが、思い出となる大ヤマメの出会いもあった。充実した内容で締めくくれたと思う。釣りは自己満足の世界だ。釣れても釣れなくても、私には渓に立っていられることが至福の時である。

ササニゴリの流れから待望のアタリが来た

美しいアマゴにサイズを超える感動をもらった

2018年シーズンも終わりました。

釣行回数全46回のうち、短時間のみサオを振った日も少なからずありました。サラリーマンだけに私は土日休みが多く、その中でもチャンスがあればたとえ少しの時間でも川に行くようにしました。その結果、28尾の尺ヤマメ、尺アマゴを手にすることが出来ましたが、目標とする数字には届きませんでした。

今年は春の訪れが早く、瞬く間に梅雨が明けると夏は記録的な酷暑となりました。雨量も少なく水温は上がり、渓魚にも釣り人にも厳しい状況でしたが、今までの経験を活かして大型のヤマメにも出会うことができました。振り返ってみれば、私自身はよいシーズンだったと思います。

今回釣行記を執筆して感じたことですが、大ものを釣りたいと意識しすぎて、本来の自分自身の釣りができていない時期もありました。釣れずに焦った日も正直ありました。そんな時、大先輩から昔贈られた言葉を思い出したのです。

「取り急がずじっくりと耐えてこそ勝利がある」

それからは冷静さを取り戻し、結果も出すことが出来ました。

これからも、じっくりと耐えながら夢の大ものを追い続けたいと思います。

7月8日、渡良瀬川で釣りあげた45㎝ヤマメ

番外編

サケ釣りの愉しみ（サケ有効利用調査）

初サーモンの衝撃

9月末で渓流シーズンが終わり、半月もすると今度はサケのシーズンが始まる。サケ釣りと聞くと北海道を思い浮かべる方も多いと思うが、私の場合は本州の河川がメインとなる。

サケはどこでも、誰でも釣ってもよいわけではなく、サケ有効利用調査河川の調査員になる必要がある。私が初めてサケを釣ったのは、福島県浜通りを流れる請戸川。現在は震災の影響で残念ながら中止になっているが、2003年に請戸川・木戸川でサケ有効利用調査が始まった。当時はサケ専用のサオがなく、9・2mの本流ザオに2号の仕掛け、エサはイカの短冊を食紅で染めたものだった。

右も左も分からない私は、とりあえずヤマメをねらう気持ちでサオを振り込んだ。目の前の流れはプールである。河口なので川らしさは一つもない。10投もしないうちに違和感があり、半信半疑で合わせると空アワセ。「違ったか」と思った瞬間、サケが垂直に飛び上がり、バシャン、バシャンとまるでイルカのように50m先まで何度もジャンプして逃げて行った。サケってこんなにすごいの？ ちょっとビビってしまった。

その後すぐにヒット。すさまじいスピードにトルク。未知の引きが恐怖心へと変わり、精神的ダメージを受ける。心臓はバクバクして膝もガクガク、呼吸が乱れ持久走でもしているかのようだったが、なんとか取り込むことが出来た。

「20分くらいやり取りしていたよ」。声がして後ろを振り返るとTV局が撮影をしていた。人気番組のロケで、出演者が釣れなかったら私のやり取りシーンを使いたいとのこと。結局、出演者はリールザオでサケをキャッチして私の映像は使われなかった記憶がある。

初めて釣れたサケは75㎝ほどのオスであった。この1尾から私のサケ釣り詣でが始まった。

夢はメーターオーバー

2018年10月19～20日、私は新潟県村上市を流れる荒川サケ有効利用調査委員会の調査員として釣りに向かった。今年は海の漁では3kgほどの小型が多いとニュースになっていた。3kgだと70㎝あるかどうかで、確かにかなり小振りに感じる。ちなみに80㎝で5kg前後、90㎝で7kg前後となる。

雨が少なく荒川は例年にない渇水であった。遡上も乏しく厳しいと聞き、国道

サケの引きを初めて体験した時は、あまりのすごさに
恐怖すら覚えた。今ではそれが病みつきに

過去のシーズンに釣った93㎝。メーターまであと7㎝！

7号線より下流でサオをだした。下流には日本海東北自動車道が見える。河口に近いここなら流れはかなり強く、水深もある。今日のタックルはサケ専用の本流ザオDAIWA遡 フレイムホークP―10、フロロライン8号、ハリDAIWAソルティガ ライトアシストSS#1、ピンクのタコベイト1・5号を付けてエサはサンマの短冊である。15年前にはなかったが現在はサケ専用本流ザオが市販されている。私がよく使うのは前記のほかDAIWA遡 サーモンハンターP―9である。どちらも適合ハリス2〜8号。調子はヤマメ等の本流ザオをそのまま強化したイメージで、振った感じは硬さもあるがサケが掛かればしっかり曲がる。ものすごいパワーを持つ本流ザオである。

ラインが太いのでオモリはヤマメのそれより数倍重い。アユ用1・5〜2号を1〜3個付けることもある。ヤマメとは何もかも違うように感じるが、ラインの太さやエサの大きさ等を考えたバランスであり、根本的なところでは何も違いはない。それは川の見方やポイント選びにおいても同じで、ヤマメ釣りで学んできたことが活きてくる。

流し方もヤマメと同じくエサ優先で流すとよい。流れのないポイントであれば、仕掛けを振り込んでエサが底に着いたら仕掛けを上げて、下げての繰り返しで誘いを掛ける流し方で充分である。

産卵遡上中のサケは、警戒心はそれほどないので神経を使わなくてもよい。だがヒットしてからが大変で、とてつもない引きを見せる。サオを手元からしっかりと曲げて最大限のパワーを引き出すことでサケの強烈な引きに耐えることが出来る。取り込みは、後ろに下がって岸に引きずり上げるイメージで行なう。

今回の釣行ではフレッシュラン（海から遡上したばかり）が多く、流れの中よりも、川底が掘れて流れの抵抗を受けにくい場所にサケは付いていた。恐らく遡上して休憩している感じであった。渇水で厳しい状況であったが、ポイントの読みが当たり、19日は11尾、20日は4尾、最大78㎝のフレッシュランのオスを手にすることが出来て楽しめた。

サケ釣りは、本州の本流釣りの中で最大クラスの魚をねらうことになる。その魅力は、意外に簡単に出会えるということ。本流釣りのロマンとしてはサクラマス釣りも魅力であるが、そう簡単に出会える魚ではない。私も10年前までサクラマスを追い求めたが、仕留めた数は2ケタにも届かない。だがサケは遡上に当たれば1日で2ケタ釣ることも出来るし、サイズもでかい。私が仕留めたサケの最大は93㎝8・5㎏である。かなり大型ではあるが、さらに1mを超えるサイズもいる。私のシーズンオフの夢、それは1m級のサケを釣りあげることだ。

●荒川サケ有効利用調査委員

http://www2.salmon-fishing.jp/index.php

平成10年の記憶と記録

忘れえぬ1尾、桂川49㎝の大ヤマメ

近くて遠かった隣県の桃源郷

　私が生まれ育った埼玉県秩父市は東京都、山梨・長野・群馬県に隣接するが、昔は山梨県へのルートだけが遠回りだった。奥多摩経由か、八王子まで行き中央道で山梨県へ入るかの二択で、隣なのに山梨はすごく遠い土地だったのだ。

　20年前、念願の山梨・埼玉両県を結ぶ雁坂トンネルが開通した。荒川支流滝川のかなり上流部の山深い場所に位置し、秩父市街地からは車で40～60分の距離である。開通から数ヵ月後の6月上旬、私はまだ見ぬ川の流れが気になり、雁坂トンネルを抜けて山梨県を訪れた。トンネルを出ると国道は急勾配で下り、山梨市付近を流れる笛吹川でサオをだした。山ひとつ越えるだけでヤマメではなくアマゴが釣れるのは不思議な感じがした。そして魚影も多い。初めて訪れたこの日、石和温泉～万力公園で尺上アマゴを4尾釣ることができた。最大魚は38㎝で笛吹川のポテンシャルの高さを感じた。

　その後も毎週のように笛吹川を訪れ、7月上旬は桂川にも足を運んだ。桂川は月刊『つり人』等でよく取り上げられ、大型ヤマメ・アマゴやニジマスが釣れることで有名で、一度は訪れたい気持ちがあった。しかし釣れるエリアがさっぱり分からない。そこで何も考えず大月市街地より少し下流の橋（高月橋）を渡ると、左折した場所から入渓することができた。駐車スペースの下流は岩盤帯で大岩もあり好ポイントに見えたが、上流に釣り上がることにした。

　よい瀬が続くが魚の気配はない。３００～４００ｍ釣り上がると両側が岩盤のゴルジュ帯が現われた。距離は長くはないがうす暗く、なんとも味わったことのない雰囲気。流れはくびれてかなりの水深である。私は岩盤の大岩の上からサオをだした。当時大人気の狭本流83-90にフロロ0・6号。エサは秩父で採取した天然ジマミミズ。そして、恐ろしいほどヤマメが釣れた。流すたびにアタリがあり、このポイントだけで尺超えが5～6尾。ひとつ上流のポイントでは尺超えが15尾以上!!　しかも同サイズがボコボコとライズしている。あまりの魚影に怖くなり、早々に車へ戻った。あんなにたくさんヤマメがいるのに誰一人釣り人がいない。砂地の場所には足跡が全くなく、人気エリアではないことがうかがえた。当時の私は短時間で大満足してしまい、早々に帰路についた。今思えばもっとサオをだすべきであったが……。

　そこから桂川詣でが始まった。毎週同じエリアでサオを振った。初回のような爆釣はなくなり厳しいが、それでも30〜35㎝のヤマメが行くたびに4〜5尾は釣れた。ところが8月中旬、今までとは手のひらを返したような日が訪れた。この日は私を入れて3名でサオをだした。ゴルジュに1名、そしてその上流の淵で私ともう1人がサオをだす。川は少し増水してやササニゴリであった。

一緒に釣っていた仲間のサオが大きく弧を描いた。サオの曲がりで数分後、仲間のタモに大ものは導かれた。うっすらと婚姻色が出て鼻の曲がったアマゴである。メジャーをあてると43㎝。めちゃくちゃかっこいい！　私も釣りたい！

その願いが通じたのか、10分後に私のサオも大きく弧を描いた。だが、そのまま次第に下流へ引っ張られていく。ものすごいパワーとスピード、イトは0・6号で無理は出来ず、穂先が水に浸かりやがてイトは切れてしまった。

「うわー！　今のはでかすぎるでしょう」

完全に敗北である。その後アタリはなく、桂川に通い出して初めて尺を超えるヤマメを手に出来なかった。悔しい。またチャンスがあれば、あの大ものと勝負したい。

翌週、私は桂川に行かなかった。今の技量ではあの大ものは仕留められない。それに、毎週のように通い詰めていたので少しポイントを休ませたかった。

白銀の大ヤマメ

9月に入り、気温が下がり始めたタイミングで、「今ならチャンス？」と12日夜明けとともに桂川のゴルジュ帯の一段上の淵に向かった。前回大ものを掛けた立ち位置でサオを伸ばす。愛竿の狭本流83-90、ラインはワンランク太く0・8号、天然ジマミミズも太くて活きのよいものをチョン掛けでハリに付けた。流れ込みは2本の筋でその流れがぶつかり、やや流速の遅くなるところがポイントだ。ちょうど川底がカケアガリになっていて大ものが付きやすい気もしていた。

3投目、目印が押さえ込まれ鋭く合わせた次の瞬間、とてつもなく大きな魚体が下流目がけて飛んだ。「あれはカツオか⁉」川魚とは思えないボディーは白銀の大ヤマメだ、ついにこの時が来た。勝負と思った矢先、あまりのパワーにすぐさま軽々とイトを切られた。今のは50㎝なんてサイズではなかった。飛んだ姿を思い出し、膝がガクガクと震えだした。あれはヤバイやつだ。触れてはいけないものに触れてしまった気がした。

気持ちを落ち着かせて再度仕掛けを張り直す。今思えば考えられないが、切られたイトと同じ0・8号。そして仕掛けを流し始め、数分でその時はまたしても来た。押さえ込まれた感触がした。さりげなく合わせた。20年経った今でもはっきりと覚えている。そして、サオが大きく曲がった。

今までの失敗は一歩も下らなかったことにある。私は先手必勝とばかり、魚より先に下り、やり取りを始めた。このポ

いつの日か50㎝に届くヤマメ、アマゴを釣りあげて20年前の自己記録を超えたい

イントは河原がないので下流に走られると付いていけない。魚を下らせることは絶対にＮＧなのだ。魚は上流にいる、サオをのされる心配はないと感じていたがこの相手もかなりの大ものである。やり取り中に姿を確認すると、またしてもヤバイやつだ。でももう二度とないチャンスかもしれない。絶対に仕留めたい。心の中にはその気持ちしかない。

　力まないようにサオを持ち、テンションをジワジワ掛けるイメージでやり取りすること5分以上（かなり長い時間だったと思う）、ついに顔が水面を割った。寄せてタモに入れようとした時、鼻の曲がったその顔が鬼に見えた。自分は今、ものすごい相手をタモに入れようとしている。一瞬ひるんだが、思い切って入れた。めちゃくちゃでかい。すぐにメジャーをあてると49㎝の大アマゴである。パーマークが残り、顔が大きく体つきを見ても遡上魚ではない。完全な居着きだが、当時はサイズのことしか頭になかった私は、この大アマゴの価値を20年経った今になって感じることが出来る。なぜなら、未だにこのアマゴを超えることができていないからだ。

　平成10年に仕留めた大アマゴ。いつか超えたい出会いである。

2章

大ヤマメ釣りの極意

1

フィールド選択

いかにして大ものに出会う確率を高めるか

季節別、川とエリアの絞り込み

大ものはシーズン中、いつでもどこでも出会えるわけではない。出会いの確率を高めるためにはまず、季節の推移と大ものの動き、つまり自然のメカニズムを把握しておく必要がある。ここでは便宜上、月別に解説していく。

3月。解禁当初はほとんどの河川で水温が低く、釣れる魚もサビが残る。なかなかよいコンディションの魚に出会うのは難しい季節であるが、水温が高い河川ではその可能性がある。関東周辺でいえば、一年中水温が安定している富士山麓の伏流水の河川は、解禁当初から居着きの尺を超えるヤマメが釣れることで有名である。伊豆半島を流れる狩野川や、鬼怒川・利根川の下流域の緩やかな流れのトロでも良型が釣れている。水温が比較的高く、エサの川虫も豊富で魚の育ちがよいためだが、利根川下流域は川が広すぎて本流ザオではほとんどのポイントに届かず、実際にねらうのは難しい。

渓流域も、前記したとおり低水温に加えて渇水でエサもほとんど流れてこないため、釣れるサイズは20㎝前後が多い。したがってシーズン初期にどうしても大ものに出会いたい場合には、犀川等でヤマメではなく大型ニジマスをねらうと面白い。

4月。気温が上がる下旬から、少しずつヤマメが動き出す季節を迎える。水温も急上昇して雪代の少ない河川が対象となる。このタイミングで、下流域の淵などで越冬した魚がエサを捕りやすい流れへと集まってくる。そして居心地のよい流れでひたすらエサを食い続ける。これが居着きタイプのヤマメだ。

そして、平野部の本流河川限定かもしれないがさらに下流域では、落差もなく水深のある緩やかな流れが湖や海の役割を果たし、そこで越冬していたヤマメが流れに出てくる。尺を超えるサイズが多く、エサを食いまくることで急成長し、より大型化する。魚体はサクラマスのようにギラギラと輝き、いわゆる戻りヤマメとなる。

東北や北陸では、雪代で海からサクラマスが遡上して密度の高くなる季節でもある。

5〜6月。パワーを付けた戻りヤマメや戻りアマゴが遡上を始める季節である。下流域は水温がかなり高くなり、低水温を好むヤマメは適水温の水域を目差して一気に遡上する。下流域に比べて水量が少なくなるエリアとなるため、本流ザオでねらいやすくなる。この時期の大型は戻りヤマメが多く、砲弾状で極太の40㎝を超える大ものがねらえる。戻りヤマメが遡上した後、居着きタイプのヤマメも遡上してくるが、タイミングが異なる理由は私には分からない。

雪代で上流のダム放水量が多い河川も、ある時を境に減水する。利根川や魚野川などは、その瞬間こそが大チャンスとなる。エリアさえ間違えなければ大もののヒット率は高いだろう。

7月。戻りヤマメは20〜30㎞、時にはそれ以上の距離を移動して上流域まで遡上する。居着きタイプも恐らく長い距離を移動する。水量がだいぶ少ないエリアとなり、本流ザオでだいたいのポイントはねらうことが出来るので釣りやすい。しかし梅雨明け頃には水温が20℃を超える河川も多い。魚にとってはかなりのストレスで、エサを食べなくなりどんどんやせ細っていく。したがって梅雨明けで水量が落ち切るまでが勝負となる。

減水して水温が上がると本流の魚をねらうことに限界を感じるが、水温の低い支流などへ逃げ込む魚も多いので支流もチェックするとよい。

8月。高水温で本流域は厳しく、水量豊富な山岳渓流や高原を流れる本流へと釣り場を変える。水温が低いエリアの魚は本流よりも育ちが悪く、大型化する個体は少ないが、その中でもわずかではあるがこの季節になると尺を超えるサイズに成長するものもいる。

下流の本流域に比べれば水温が低いといっても、標高の高い渓流も気温は高い。ヤマメは雨後の増水時以外は深い淵に潜んでいることが多い。特に樹木に覆われ日中でも薄暗い場所や、ゴルジュ帯等はねらいめである。放水口があれば水温はさらに低く、その流れで暑さをしのいでいるヤマメも多い。8月は朝イチの水温が低い時間帯がエ

長いガンガン瀬（上）の前後に淵（右）がある場合、遡上魚の休憩ポイントになりやすい。２つの写真は別の川だが、このような組み合わせになっている場所があれば、そこは大ものの絶好ポイントとなる

夏などの高水温期は、標高の高い渓（上＝奈川）や、日差しの少ない深い渓（左＝荒川大滝地区）などに釣行するとよい

サを食いやすい。

９月。産卵のため大型が動く。本流にいた戻りヤマメも最後の力を振り絞り、渓流域まで遡上してくることもある。ダムや湖で育ったサクラマス等も遡上する季節で、そのタイミングは台風による増水後の水の引き際となる。水温も下がり始め、渓流で深い淵に身を潜めていた居着きの大ヤマメや大アマゴも上流を目差して動き出す。鼻が曲がり婚姻色の出た大ものがねらえるラストチャンスである。

このように、季節で釣れるエリアが変化する河川が多い。むやみにサオをだすのではなく、しっかりエリアを絞り込むことで大ものに出会える確率は大幅にアップする。

大ものの釣れるポイントとは

また、ポイント選びも重要だ。車から降りてすぐ目の前にあるポイントな

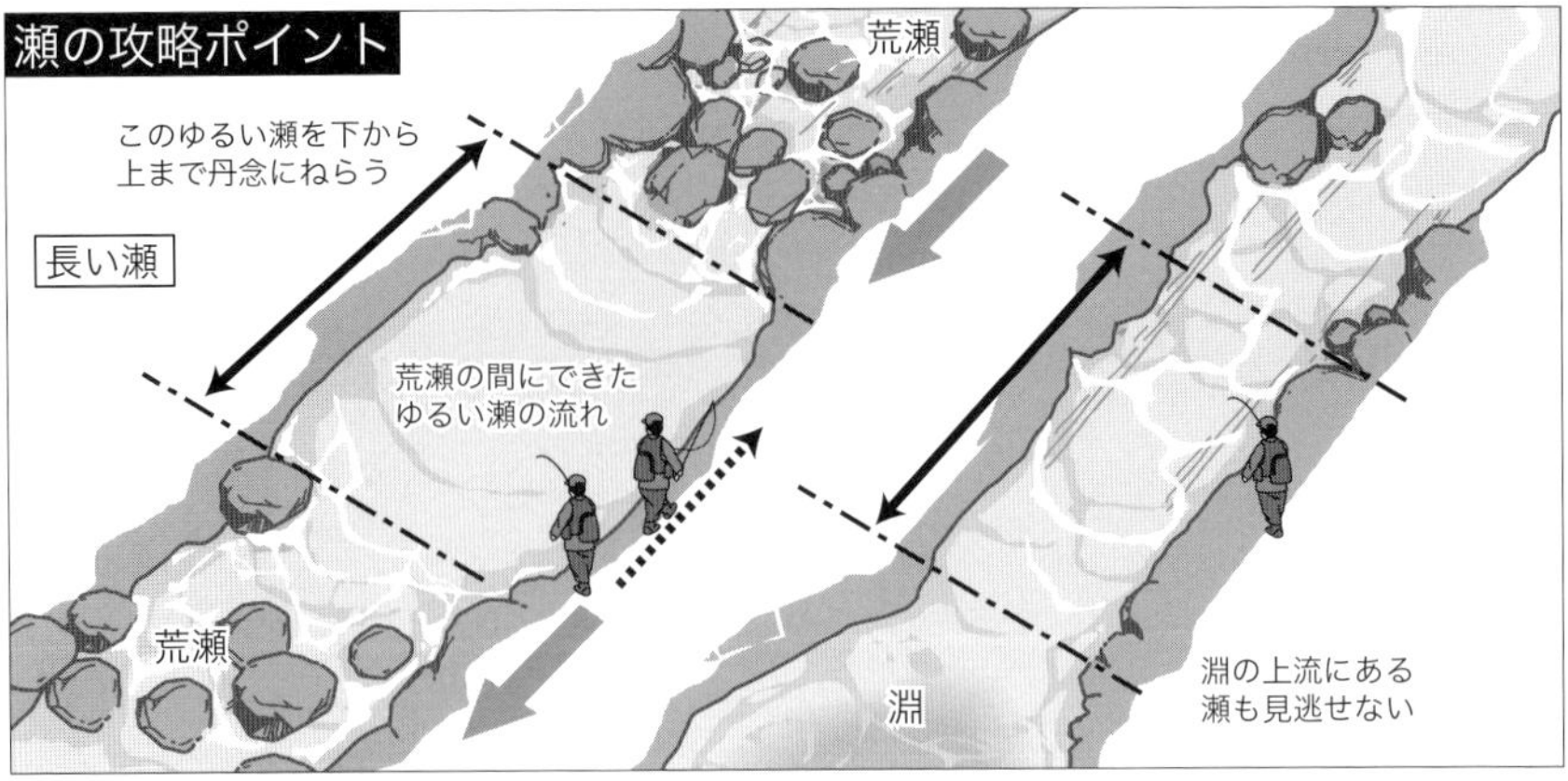
瀬の攻略ポイント
荒瀬
このゆるい瀬を下から
上まで丹念にねらう
長い瀬
荒瀬の間にできた
ゆるい瀬の流れ
荒瀬
淵
淵の上流にある
瀬も見逃せない

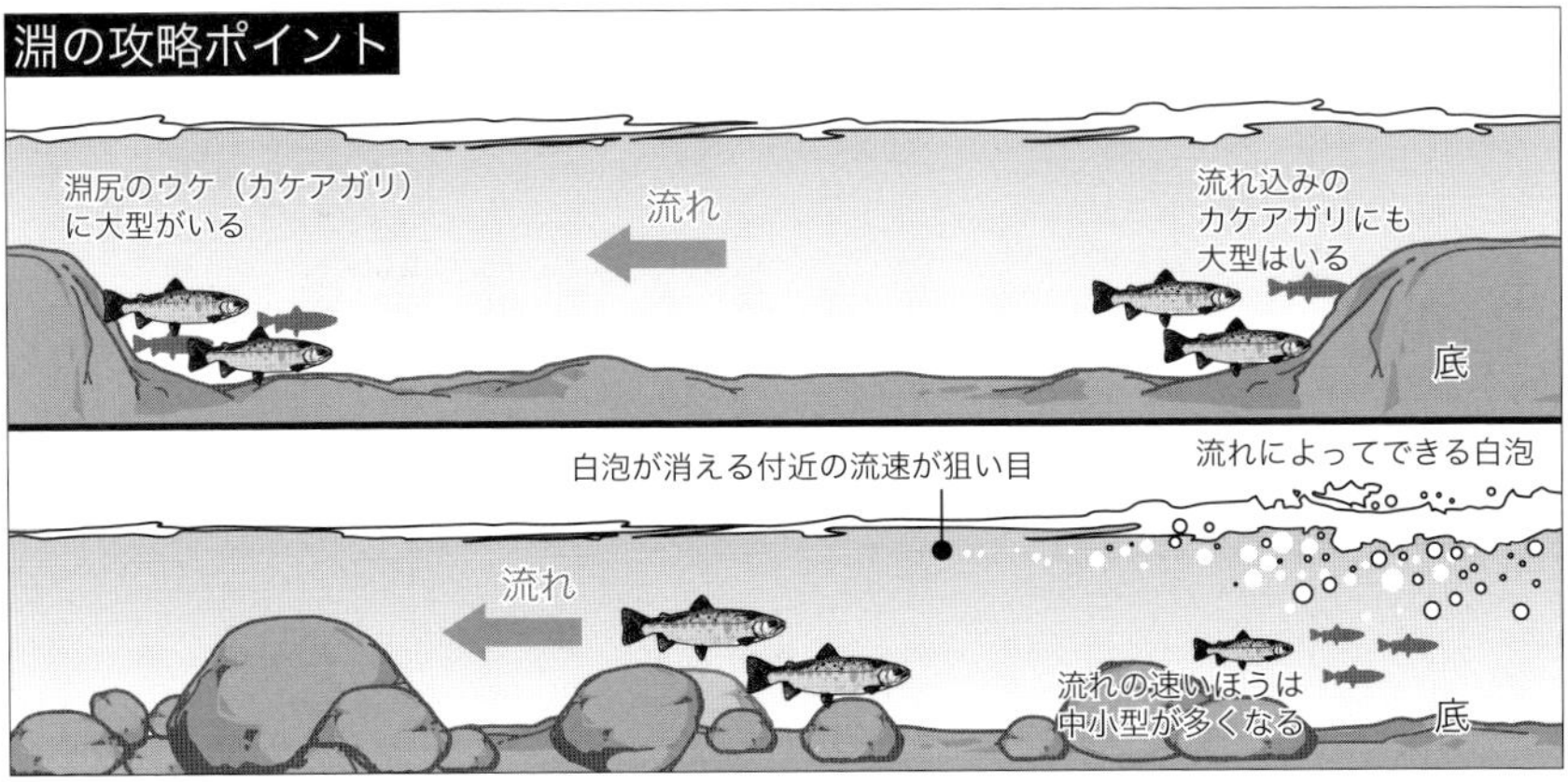
淵の攻略ポイント
淵尻のウケ（カケアガリ）
に大型がいる
流れ
流れ込みの
カケアガリにも
大型はいる
底
白泡が消える付近の流速が狙い目
流れによってできる白泡
流れ
流れの速いほうは
中小型が多くなる
底

どは、当然だが場荒れしていて釣れないことが多い。

私は初めて訪れた川の場合、まず1㎞ほど川を歩いて流れを確認することを心がけている。そして歩いてきた場所を釣りながら戻るのだが、一番よさそうなポイントでは、じっくりサオをだすようにしている。これを1日数セット行なう。多い時は5～6㎞は普通に歩く。

遡上魚は休憩ポイントをねらうとよい。季節にもよるが、ガンガン瀬の上流にある緩やかな流れは大ものが休憩していることが多く、このようなポイントは要チェックだ。また、淵などでサオをだす際には川底の変化に注意すること。カケアガリなどがはっきり分かるポイントには大ものが付いていることが多い。

2

サオ

大もの用、本流ザオに求められる機能とは

反発力と感度が重要

全長5m前後の渓流ザオに対して、広大な河川が釣り場となる本流ザオは7~10m。肉厚で手に持つとしっかりとした重量感があり、最初は硬そうなイメージを抱かれるかもしれない。

本流ザオのほとんどは胴が曲がる調子である。大ものが掛かれば胴の部分が大きく曲がり、さらに相手が超大ものになると、バット部(手元)まで曲がる。この曲がりこそが魚の引きを吸収し、急な衝撃によるイト切れ等も防いでくれる。ただし曲がるだけでは大ものを寄せることはできない。重要なのは反発力で、サオが真っすぐに戻ろうとする力が備わっていなければならない。反発力は、振ってみて一度曲がったサオが戻ろうとする速さや強さで確かめることができる。

反発力の弱い軟らかいだけのサオは、掛けた魚が大きければ大きいほど曲がったままで戻ろうとせず、寄せることが出来ない。一方、反発力が強いサオは、魚の引きや重さで曲がったサオが勝手にまっすぐに戻ろうとする。そのため短時間で魚を寄せることができるのだ。

あとは感度である。サオは肉厚になるほどパワーを得られるが感度は鈍る。本流の大ものは一期一会、一日に一度あるかどうかのアタリは、目印だけではとらえることは出来ない。私は、ほとんどのアタリは手で感じるようにしている。そのため必然的に感度のよいサオを使用したくなる。

サオはパワーが増すほど肉厚になり感度が悪くなると前記したが、最近の本流ザオはかなり進化している。私が愛用しているDAIWAの本流ザオを例に挙げると、SVF NANOPLUSという技術の導入により、カーボンファイバーを接着する樹脂に特殊な溶剤を混合して高強度、軽量化に成功している。カーボン密度も高くなり感度もよい。

以前は本流ザオを一日中振り続けていると腕がパンパンになったり、風の強い日はサオの重さが2倍以上に感じられてつらかったりしたものだが、現

在はそのようなことはない。パワーと感度の両方を手に入れたハイテク本流ザオである。

選択例

私は河川やねらう魚によってサオを使い分けている。その川に合ったサオの長さ、魚のパワーに合わせたサオの使い分けである。以下、2018年シーズンに私が主に使用したDAIWAのサオで具体的に解説したい。

●エキスパート テクニカルチューン 70M・V／6・99m、適合ハリス0・1〜0・8号

仕舞寸法が55・9㎝と短く渓流で扱いやすい。マルチが付いているので65―70と50㎝短く使用することも可能だ。渓流で頭上に木の枝がある場合などは仕掛けを短くすることで尺上ヤマメも充分ねらうことができる。

●遡 フレイムホーク P―2 72／7・2m、適合ハリス0・3〜1・5号

里川や水量の多い渓流で扱いやすい。山奥のダムから遡上するランドロック系のヤマメ・アマゴねらいなどで使用するとよい。マルチがないため仕掛けは手尻いっぱい〜30㎝短くすると楽に取り込める。

●遡 フレイムホーク P―3 90M／9・00m、適合ハリス0・3〜2・0号

本流域の大型ヤマメ・アマゴ・ニジマス・サツキマスなどの遡上魚を攻略するための本流ザオ。マルチが付いているので90―85で使用可能。大もの用のサオでありながら感度がよい。また替え穂先（メガトップ穂先）を装着すると食い込み性能と細イトへの適応力がアップするので、春先の細イトでの数釣りにも使用可能である。

●遡 フレイムホーク P―4 100M／10・00m、適合ハリス0・4〜2・5号

大本流の利根川や魚野川などで、普段は手がとどかない広大なポイントに潜む大ものに使用したい本流ザオ。大型ヤマメ・アマゴ・ニジマス・サツキマスはもちろん、サクラマスもねらえるパワーロッドである。

●プライム 本流 硬調85M・V／8・50m、適合ハリス0・2〜1・2号

穂先が柔らかめにできており、少々の手振れでも仕掛けをナチュラルに流しやすい。初心者の方にも扱いやすく、20㎝クラスのヤマメから〜40㎝クラスの大ものまで対応可能。水量のやや少ない本流向けである。

●プライム 本流 硬調硬85M・V／8・50m、適合ハリス0・3〜1・5号

格安なサオでありながら、大型が掛かってもタメが利いてしっかりやり取りができるパワータイプ。テスト時、53㎝ランドロックタイプのサクラマスを釣りあげた実績あり。こちらも水量のやや少ない本流向けである。

● エキスパート テクニカルチューン 70M・V

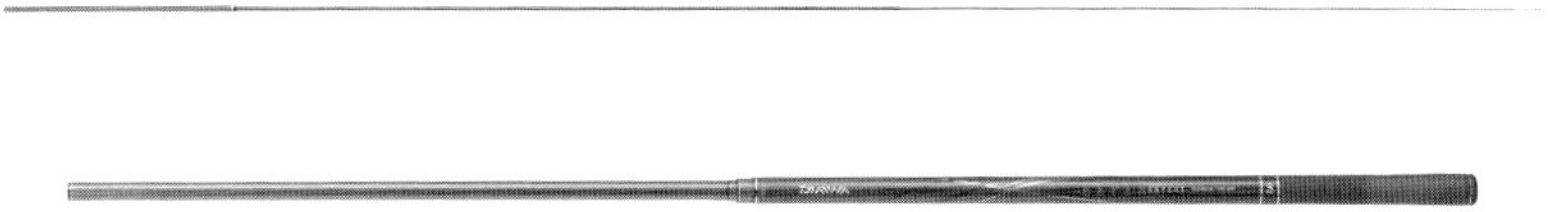

● 遡 フレイムホーク　P-2 72

● 遡 フレイムホーク　P-3 90M

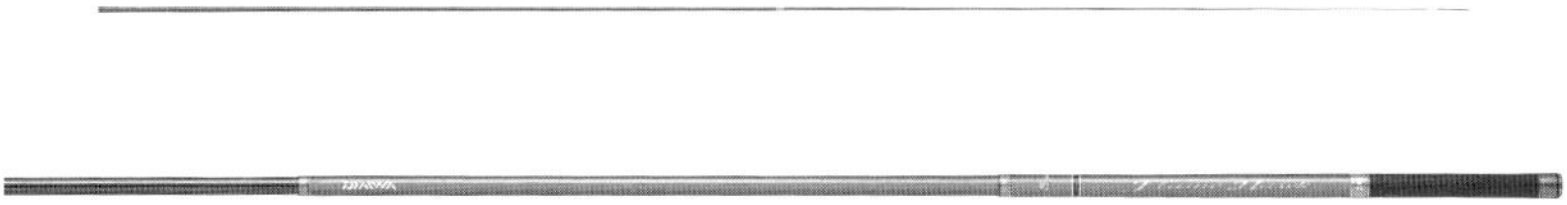

● プライム 本流　硬調85M・V

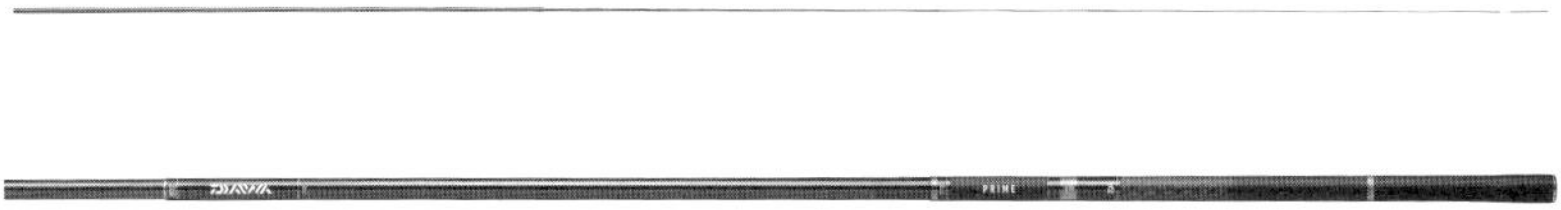

3

ライン・ハリ・エサ

奇をてらわずシンプルに

【ライン】主力はフロロカーボン

私は大ものねらいにはフロロカーボンを主に使用する。フロロラインの特徴だが、張りがあり感度がよく、一日に一度あるかどうかの大もののアタリをしっかりとらえることができる。ナイロンよりも伸びないので取り込み時に失敗が少ない。また、比重が大きく押しの強い本流でもしっかり仕掛けを馴染ませることが出来る。

ナイロンラインは比重が小さく表層から中層を釣る時によい。特に春先、ピンチョロが大量発生して表層から中層付近を泳いでいる時は、軽いオモリで仕掛けを浮かせてナチュラルドリフトするとよく釣れる。流れの緩いポイントでもナイロンラインのほうが、ゆっくりでも仕掛けが流れてくれる。太さは春先0・2～0・6号、初夏以降0・8～1・5号と使い分けている。

仕掛けは本流ではサオ全長よりも30～70㎝長く作り、釣り場でマルチを縮めて使用する。仕掛けを長くすることで流し切る寸前で魚が掛かってもサオを起こしやすくタメを利かせやすい。短い仕掛けではサオを起こせず、のされて切られてしまう。

渓流～中規模河川は仕掛けの長さは手尻いっぱいか、手尻よりも短くする。木の枝が流れの上に被っているポイントなどもあるので、操作性を優先させた長さにするとよいだろう。

【ハリ】エサに号数を合わせる

大ものねらいではキツネ形状のハリを使用することが多い。チモトとハリ先が直線上にあり、フッキング時にハリ先の位置がずれず、素早くハリ掛りしてくれるからだ。サイズはねらう魚の型ではなくエサに合わせる。小バリにキヂのように大きなエサを用いると、ハリ先が隠れてフッキングしない。逆に大バリに小さなエサは軸が太くて身が柔らかい川虫はエサ付けが難しく、ちぎれやすい。エサに対してバランスのよいハリを使うことが大切である。

【エサ】初夏以降はキヂが中心

初期は川虫（現地採取）を使用したい。特に水温が低い河川はキンパクやクロカワ虫がよく（クロカワ虫はシーズンを通して釣れるエサである）、川虫が採取できない場合はブドウ虫があるとよい。水温が上がるとピンチョロが数多く採れる川ではこれをエサにする。またヒラタもよい。

　初夏に入り、水温が上がりほんの少し水色が付くようになるとキヂの食いがよくなる。キヂは水温が低いとハリに付けてもあまり動かないが、上がると活発になり、その動きが誘いとなって食いがよくなる。水量が低い時は小さめ、多い時はアピール度を考えて大型のキヂを使用するとよいだろう。

　夏以降もアピール度のあるキヂが強い。水温が低い時はブドウ虫もよいことがある。その場合、1匹は通し掛け、もう1匹はチョン掛けで2匹付けするとアピール度も高くなり効果がある。

大ものねらいでは、ラインはフロロカーボン製を中心に使用。ハリはキツネ形状のもので、号数はエサに合わせる

ピンチョロのエサ付け例。場合によっては2匹掛けにしてアピール度を高める。シーズン初期にこの虫が多く発生する川では非常に効果的なエサだ

クロカワ虫はシーズンを通して釣れるエサ

大もの釣りには欠かせないのがキヂ。場合によっては通し掛けとチョン掛けの2匹付け（左）にしてアピール度を高めてやるのもいい

4

仕掛けの流し方

食わせるまでのアプローチの要点

流し切る寸前に神経を集中

エサを流すタナは季節や状況でその都度変える必要がある。遡上中の魚はベタ底にいることが少なく、やや底を切ったところや、時には中層付近を泳いでいることもある。瀬をねらう時もやや底を切った感じで流すとよい。

淵などの水深があり緩やかな流れの場合は、オモリ下のハリスを50〜70㎝取り、オモリがなるべく底に当たるようなイメージで流すとよい。その際、オモリが石に当たる感触が分かることが必要だが、感度の悪いサオは感じることが出来ない場合もある。

仕掛けの流し方であるが、川虫がエサの場合は仕掛けを立て、ややイトフケをつけてナチュラルドリフトで流すとよい。キヂエサで大ものをねらう場合はエサ優先で流すイメージとなる。

まず、自分の立ち位置よりも上流側に振り込み、正面に仕掛けが流れてくるまでの間に底にしっかり馴染ませる。仕掛けをフカセ気味にすると馴染みやすいのでテンションが掛からないよう注意する。そして正面からはサオの送りを止めて仕掛けがサオよりも先に流れるようにする（目印は一番下が下流、

上が上流で全体が斜めになる）。オモリを川底に当てるイメージで水深の変化を感じながら流すのだが、浅いと感じたれば仕掛けを斜めに、深いと感じたら立てるイメージですると常にエサが川底に馴染む状態が作れる。馴染まないようであればオモリが合っていないので、ガン玉を追加して調整する。

そして流し切る寸前が重要だ。この時、仕掛けが止まりエサが吹き上がる。この瞬間に大ものが食ってくることが多い。だが流しすぎると掛かった時にサオが下流側に寝ているため起き上がらず、イト切れを起こしてしまう。これを防ぐためには、流し切る一歩手前でサオを止めて仕掛けが吹き上がるように操作するとよいだろう。また、慣れてくれば吹き上がらせて↓沈めて↓吹き上がらせて……と繰り返すことも可能だ。大ものは普通に流すよりも多少誘いを掛けたほうがよい時がある。

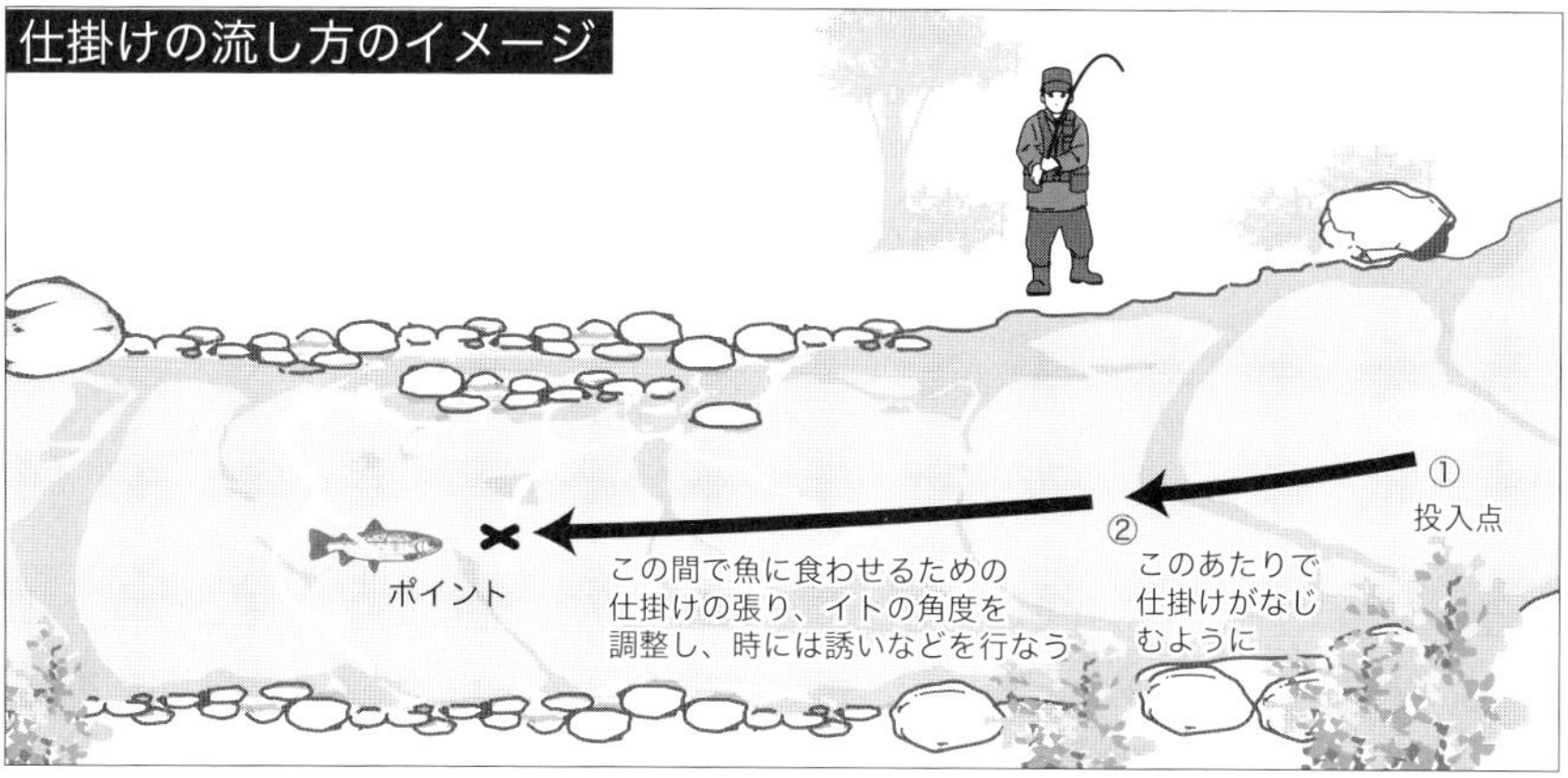
仕掛けの流し方のイメージ
①
投入点
②
このあたりで
仕掛けがなじ
むように
この間で魚に食わせるための
仕掛けの張り、イトの角度を
調整し、時には誘いなどを行なう
ポイント

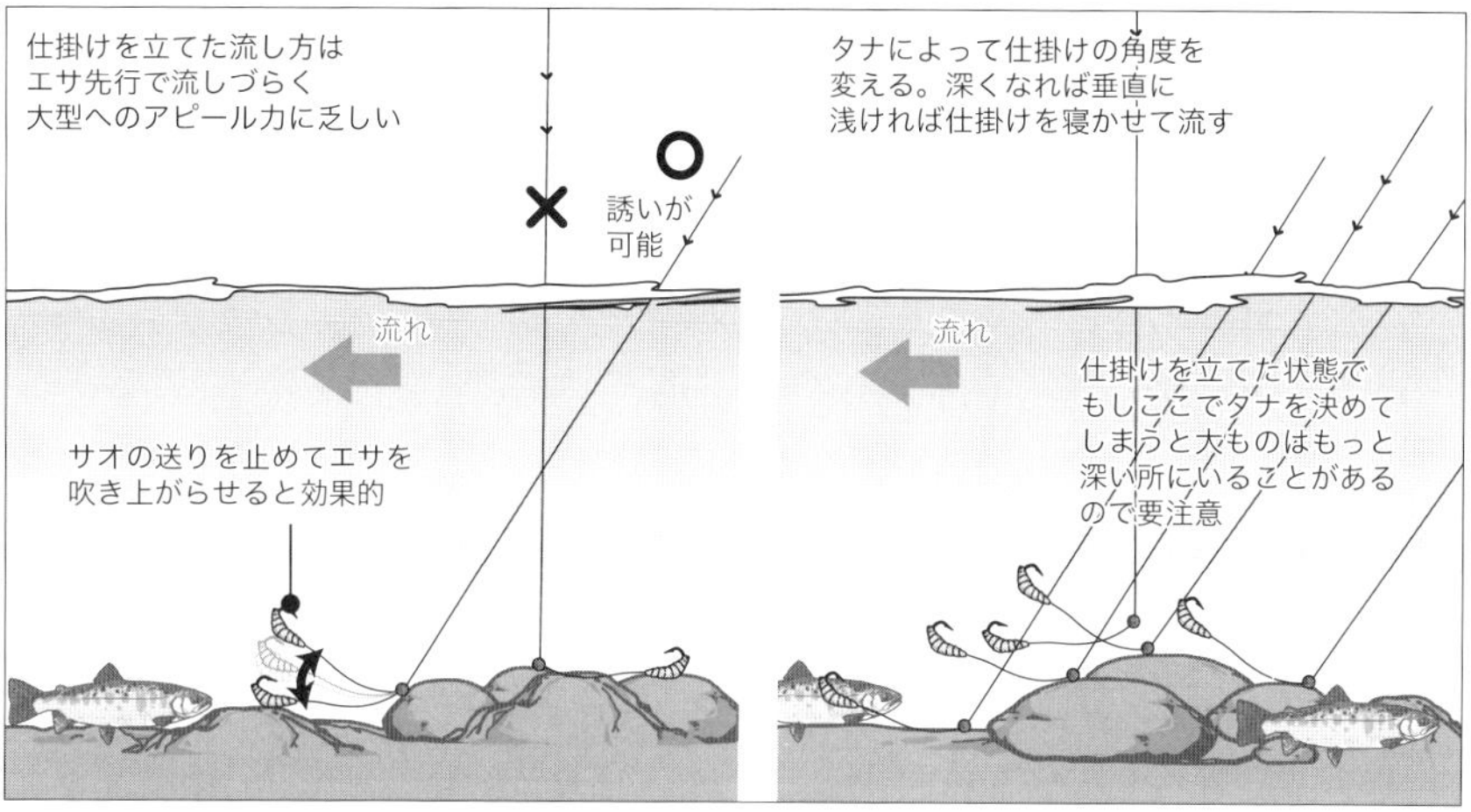
仕掛けを立てた流し方は
エサ先行で流しづらく
大型へのアピール力に乏しい
誘いが
可能
流れ
サオの送りを止めてエサを
吹き上がらせると効果的
タナによって仕掛けの角度を
変える。深くなれば垂直に
浅ければ仕掛けを寝かせて流す
流れ
仕掛けを立てた状態で
もしここでタナを決めて
しまうと大ものはもっと
深い所にいることがある
ので要注意

流し方とラインテンション
②
①

①のようにテンションを掛けたままのドリフトは、仕掛けが不自然に流れてしまい、ヤマメに警戒されやすい。エサを食べてもラインの違和感が伝わりやすく、アタリがダイレクトに出るのでつられて大アワセとなり、アワセ切れの原因となる

②のようにややラインをフカした流し方をすることにより、自然に仕掛けが流れるのでヤマメに警戒心を与えない。エサを食べた時の違和感も少なく、アタリがソフトに出るので釣り人は余裕をもって合わせられるので、アワセ切れが減る。エサもしっかり食い込むのでバラシも少ない

アワセとやり取り

大ヤマメとの攻防を制する

【アワセ】見るより感じる

私はアタリを自ら感じて合わせることがある。自分で「聞きアワセ」と呼んでいるのだが、流している仕掛けにテンションを定期的に掛け、テンションの掛かった時にアタリを手で感じる方法である。

仕掛けの流し方でも説明したが、エサ優先で流すことによりラインにテンションを掛けたまま流しやすいので、目印に出るアタリだけではなく、手に感じるアタリが増える。ラインにテンションが掛かっていないと目印に出るアタリは少なく手にも伝わることがなく、ほとんどのアタリを取り損ねる。手に感じるアタリは高確率でアタリをとらえることが可能である。夏ヤマメは活性がそれほど高くなく、居食いをすることが多い。聞きアワセはそんな場面に有効となる。

アワセのタイミングであるが、エサがクロカワ虫の場合はアタリを感じたら即アワセでよい。

キヂの場合はエサも大きいのでアワセのタイミングが重要となる。私はアタリを感じたら合わせず、少し食い込むのを待つ。一度目のガツッは待つ。そして2度目のガツッと手元に伝わってきたら合わせるとしっかりフッキン

グするので、あせらず食い込ませることが大切となる。

【やり取り】主導権を渡さない

魚が掛かったら重さでサイズを確認する。軽く感じたら、場荒れを防ぐため一気に抜いてタモに飛ばし取り込めばよい。ラインの太さにもよるが0・4号で25㎝以上の魚は楽々抜ける。大ものと判断した場合はサオを水面近くに寝かせ、手尻を前に突き出してサオをしっかり曲げる。大きく曲がるサオは弾力が利いており、ラインが切られるのを防いでくれる。

サオを寝かせて絞ることで魚の頭は上流を向き、それほど力を入れずとも耐えることが出来る。それでも下流へ走る場合、できるだけサオを絞って耐えることを勧めるが、弾力を感じなくなるとラインが切られるかサオを折られてしまう。ヤバイと感じた時には、フットワークを生かして立ち位置を徐々に下流に移動させながらやり取りする必要がある。その最中もサオはしっかり絞ること。そうしないと魚は頭を上流に向けることなく、ひたすら下らせてしまうことになる。

またサオを立ててやり取りすると、魚は流れに対して横を向くため水の抵抗を受けてサオに伝わる重さが増し、さらには流れを味方に超スピードで下る。バラシやライン切れにつながるので、魚が元気なうちはサオを立てないように。立てるタイミングは魚が弱ってきてからである。この時に魚の顔を持ち上げ空気を吸わせて弱らせる。暴れなくなってきたら利き手でサオ、片方の手でタモを持つ。マルチが付いている場合は一段伸ばすと魚を持ち上げやすく、タモ入れも容易だ。

タモ入れは足場を考えながら行なうこと。足場が高い、魚との距離が遠い、強い流れの中に立ち込んだまま取り込む等はバラシにつながる。ここなら安心して取り込めると思う場所まで移動してから、しっかりタモに入れよう。

あとは気持ちである。大ものが掛かると釣り人は頭の中が真っ白になり冷静さを失いがちだ。そして焦って失敗する。そうならないために大きく深呼吸したり、キタッ！　などと声を上げることでも冷静さが保てる。そして負けない、絶対に捕りたい気持ちが大切である。タックルと自分をどこまで信用できるかも結果を大きく左右する。

大ものとのやり取りは、サオを絞って充分に曲がりを生かし、相手が弱るまではうかつにサオを立てない

3章

尺上ヤマメが待つ！釣り場ガイド7選

荒川（埼玉県）

下流部によく見られる岩盤帯の瀬。切れ込んだ溝に大型ヤマメが付きやすい

●長瀞町～皆野町

荒川本流のヤマメ釣りは、玉淀ダムバックウオーターから釣り場が始まる。バックウオーターから白鳥橋までの区間には、淵や瀬が点々とある。水深のある淵も多いが川底は砂地で、ヤマメの付き場を探すのが難しい。カケアガリや川床の溝などを見逃さないことが重要だ。遡行は極端な増水がない限り、釣り上がり可能である。

白鳥橋～高砂橋は、白鳥橋直下からしばらくはゴルジュ帯で河原もなくなりサオがだせない。秩父鉄道・樋口駅下辺りから釣りが可能となる。駅下の流れは荒川では数少ない瀬の一つで、川底に石が多く入る。石の頭を一つ一つ丁寧に仕掛けを流してみよう。タイミングが合えば玉淀ダムから遡上する大型ヤマメがサオを絞ってくれる。

この瀬の上流から長瀞らしい景観が始まる。岩畳と呼ばれる畳状の岩盤帯と長い淵が連続し、この長い淵の中には大型のヤマメや60㎝を超えるニジマスが潜んでいる。

高砂橋から上流の親鼻橋間は好ポイントが連続するが、観光名物のライン下りやラフティングのメッカとなるので釣りはあまりお勧めできない。また、親鼻橋下流にある秩父鉄道の鉄橋～栗谷瀬橋上流の日野沢川合流まではキャッチ&リリース区間として漁協が管理しており、エサ釣りは禁止である。C&R区間は漁業規則を守り楽しんでいただきたい。

日野沢川合流より本流側であるが、皆野橋までは岩盤帯の瀬が多い。岩盤の切れ目が溝となり深い。このようなポイントにヤマメが付くことが多く、流れをしっかり読んで仕掛けを流すとよい。皆野橋下流は赤平川合流があり、そのすぐ下流は大淵と名前のつく淵。砂地底だが水深があり、変化のある場所にヤマメが

高砂橋下流の渓相。畳岩と呼ばれる岩盤帯と長い淵が連続する

付いているのでじっくりとねらおう。

●秩父市内

皆野橋上流も岩盤帯の多いポイントである。なかでも梵の湯前は荒瀬が続く

皆野橋から下流側を望む。左奥から赤平川が合流している

人気のエリア。新皆野橋上流には西の淵がある。ここは居着きのヤマメも多いが、遡上してきた戻りヤマメの休憩ポイントでもある。西の淵から上流200mで和銅地区。このエリアは消波ブロックが入る長い瀬があり、その下流は深瀬となる。地形にも変化が多くヤマメの好むポイントである。さらに上流の和銅大橋までの間は岩盤帯の瀬となる。

和銅大橋上流で横瀬川が合流する。合流点は水深もあり遡上ヤマメの好ポイント。この先で川は大きく右カーブし、ガンガン瀬が続いて大きな淵（蓼沼）が現われる。遡上したヤマメが休憩するポイントで、じっくり時間をかけてねらうと思いもよらぬ大ヤマメに出会えるかも。

蓼沼から1・5㎞ほど上流で日向地区。通称・ベルコン橋（ベルトコンベア橋）上下に淵があり、秩父エリアでも大人気ポイントである。日向地区から上流1㎞ほどで秩父橋。この区間は荒瀬が続く。瀬は岩盤で押しが強い。瀬の中にできたタルミをねらうとよいだろう。秩父

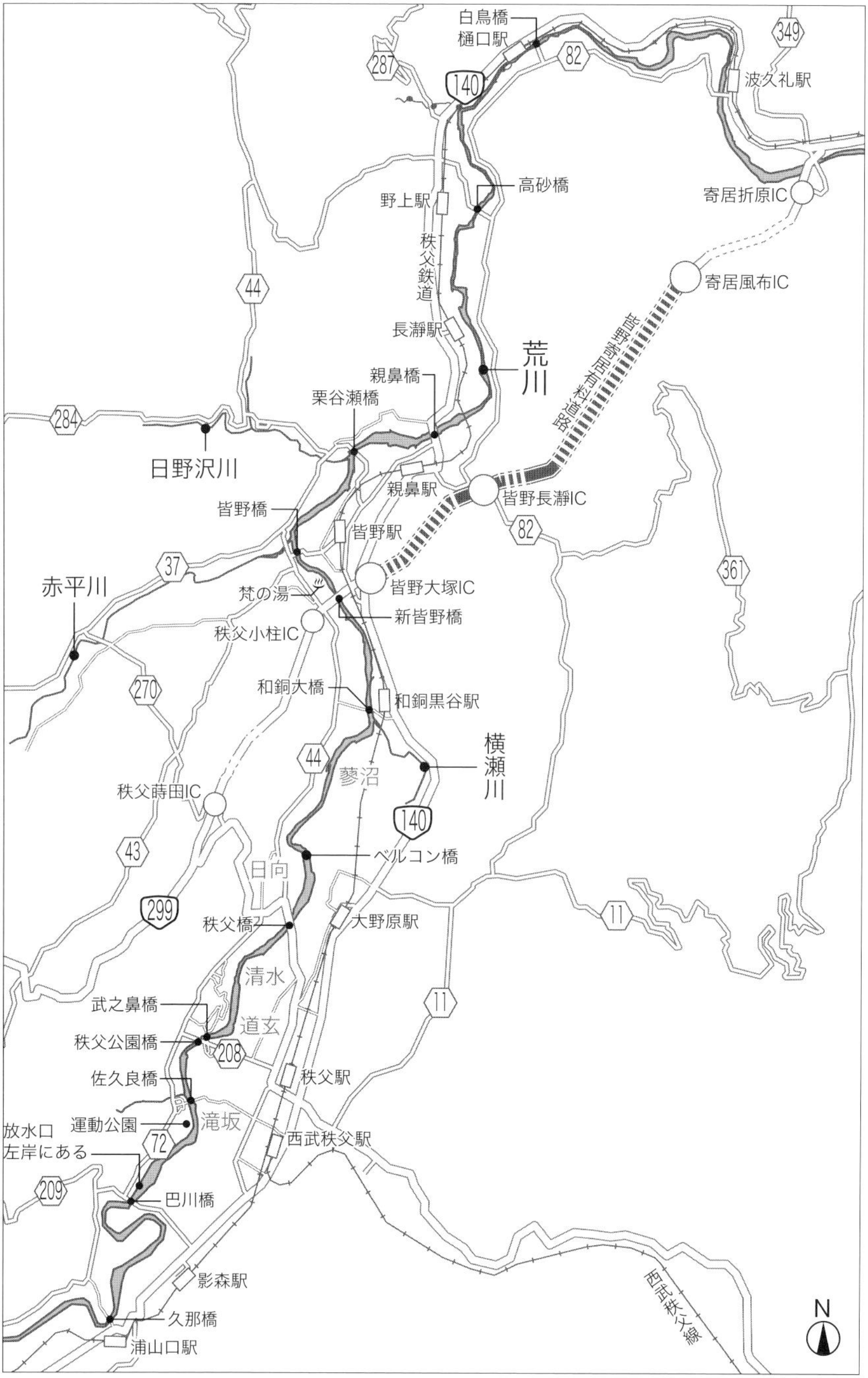
白鳥橋
樋口駅
349
287
82
140
波久礼駅
高砂橋
寄居折原IC
野上駅
秩父鉄道
44
寄居風布IC
長瀞駅
荒川
皆野寄居有料道路
親鼻橋
栗谷瀬橋
284
日野沢川
親鼻駅
皆野長瀞IC
皆野橋
皆野駅
82
37
361
赤平川
梵の湯
皆野大塚IC
新皆野橋
秩父小柱IC
270
和銅大橋
和銅黒谷駅
横瀬川
44
蒔沼
140
秩父時田IC
43
ベルコン橋
日向
299
秩父橋
大野原駅
11
清水
11
武之鼻橋
道玄
秩父公園橋
208
秩父駅
佐久良橋
滝坂
運動公園
放水口
左岸にある
72
西武秩父駅
209
巴川橋
影森駅
西武秩父線
久那橋
浦山口駅
N

和銅大橋から上流側を望む。左手から横瀬川が合流している

巴川橋から下流側を望む。左岸放水口から放出される冷たい水にヤマメが集まってくる

橋から上流は清水エリアとなる。川と道路が並行しており簡単に入渓でき、何ヵ所かよいポイントがある。岩盤帯の切れ目にできる深瀬がメインとなる。

清水から500mほど上流が道玄のポイント。護岸の右岸寄りの流れに水深がある。瀬から始まり、やがて淵になる。ポイントのいたるところに岩盤があり、川底の地形をよく読んで釣るとよいサイズのヤマメが出る。

道玄から上流に武之鼻橋。ここから佐久良橋間は淵や瀬などの好ポイントが連続する。このエリアも岩盤帯で変化が多くよい流れがたくさんある。好ポイントのため人気も高い。

佐久良橋〜巴川橋。佐久良橋の上流が滝坂で、2本のガンガン瀬が合流して下流は岩盤の切れ目で深くなる。川底は砂地だがヤマメが付く好ポイントである。その上流に運動公園駐車場があり、よい瀬が続くポイントの1つ。そこから上流には消波ブロックが入るポイントが数ヵ所ある。なかでも取水場の波消ブロックの流れは水深もあり、夏は玉淀ダムから遡上してきた大ヤマメが溜まる。取水場から50mほど上流に発電用の放水口があり、この水温が低いので遡上ヤマメが集まりやすい条件となっているのだ。

放水口から上流は通常、水量が大幅に減って水温も高い。夏場はヤマメが生息できない水温になるので荒川本流の紹介はここまでとしたい。もし上流をねらう場合は大滝地区まで行くとよいだろう。

【参考情報】（平成30年現在）
交通／関越道・花園IC（長瀞町〜皆野町）、皆野寄居有料道路・皆野大塚IC（秩父市内）で釣り場へ。／解禁期間　3月1日〜9月30日／遊漁料　日釣1800円、年券7000円／問合先　秩父漁協（☎0494・22・0460）。

段々の瀬から続く流れ込みをねらう

渡良瀬川（群馬県）

渡良瀬川は栃木県日光市と群馬県沼田市との境にある皇海山を源流として、古川市、加須市境界で利根川に合流する。私は渡良瀬川で釣りをする場合、両毛漁協管轄内でサオをだす。桐生川の合流点から上流が両毛漁協のエリアとなる。ポイントを下流部から説明したい。

一本木〜松原橋

桐生川合流の上流、通称・一本木は長いトロで左岸側に消波ブロックが入るポイント。毎年大ヤマメが出る。流れ込み付近の川底の変化のあるところを探してじっくりねらいたい。2㎞ほど上流に松原橋。橋上下は開けた瀬で、底石が多く入る。その石周りに大型のヤマメが付く。水深が浅い瀬にも居着いていることが多いので、細かく探ることをお勧めしたい。松原橋上流の太田頭首工は禁漁区があるので入渓時は注意すること。

昭和橋周辺

橋下流部で川は2つに分かれ、左岸側の流れに大型が付くことが多い。ふたたび合流する下流にも好ポイントが続く。瀬がメインだが押しが強く、流れの中に出来る緩流帯を探してねらうとよい。

錦桜橋周辺

こちらも瀬がメインの釣り場である。川底に石が多く、表層はガンガン流れていても川底の流れは穏やかである。エサのクロカワ虫も豊富で、居着きの尺ヤマメが数多く潜み期待の持てるポイントが点在する。2018年シーズンもよい思いをしたエリアだ。

桐生大橋周辺

上流のトロは水深があり大型のヤマメが毎年出る人気ポイント。2018年シーズンはここで40㎝を超えるヤマメを

2尾釣ることができた。トロの頭から流れ出しとなる緩やかな流れまで、すべてを丹念にねらうことをお勧めする。私はいつも右岸側からサオをだしている。上流へ釣り上がると右岸側に消波ブロックの入ったポイントがある。段々瀬から徐々に緩やかな流れに変わるのだが、川底に変化が多く大型ヤマメが居着く可能性大である。

赤岩橋周辺

橋上流はガンガン瀬が続くが、何ヵ所か落差のない平坦な流れの場所がある。水深も1m以上の瀬があり、居着きの大型が釣れる可能性が高いポイント。ガンガン瀬の一段上の平坦な瀬には驚くような大ヤマメが潜む。

一見して特徴のない瀬にも見えるがこんなヤマメが多数潜んでいる

C&Rエリア

右岸団地裏（左岸、山田川合流下流の看板）～はねたき橋下流端禁漁区指定板がC&Rとなる。成魚放流がメインと思うだろうが、遡上したヤマメやサクラマスが釣れる確率が高いエリアである。放流ヤマメも大型が多く、初心者の練習の場としても最高といえる。

※C&Rで釣りをする場合はルールに注意。両毛漁協HPで確認してほしい。

高津戸ダム上流

簡単に入渓できるポイントが少ないが、黒保根町水沼地区は比較的楽に入渓できる。漁協もヤマメの放流をしている。大きなトロも多く水深もあり、超大型のニジマスも潜んでいる。

【参考情報】（平成30年現在）
交通　北関越道・太田桐生IC利用。解禁期間／3月1日～9月20日。遊漁料／日釣1500円、年券8000円。問合先　両毛漁協（☎0277・32・1459）

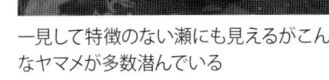

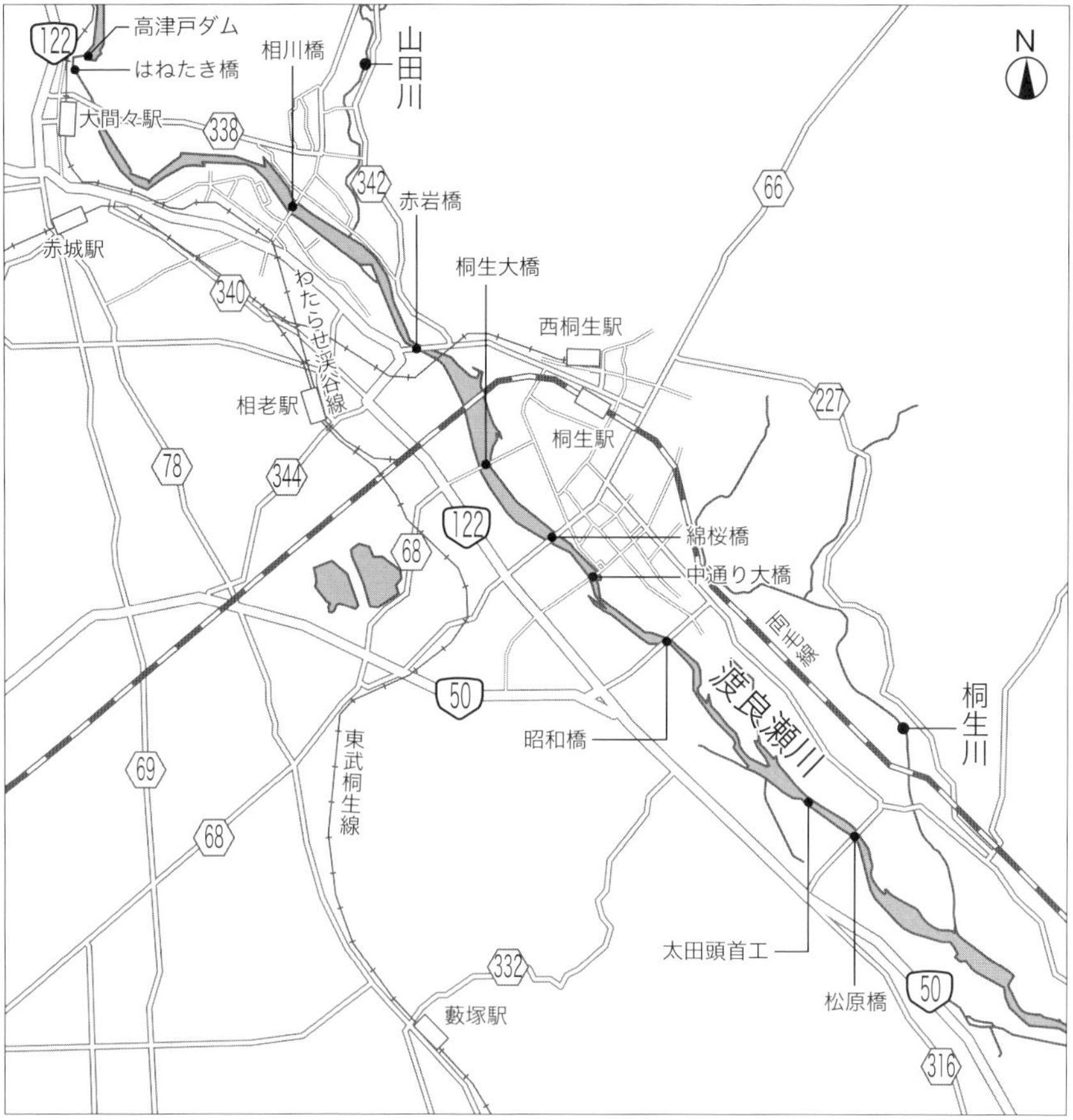
高津戸ダム
はねたき橋
相川橋
山田川
N
122
大間々駅
338
342
赤岩橋
66
赤城駅
桐生大橋
340
わたらせ渓谷線
西桐生駅
227
相老駅
桐生駅
78
344
122
綿桜橋
68
中通り大橋
両毛線
渡良瀬川
50
桐生川
昭和橋
東武桐生線
69
68
太田頭首工
332
松原橋
50
藪塚駅
316

桐生大橋下流の渓相

利根川（埼玉県～群馬県）

　全国の本流マンに大人気の利根川。この川のターゲットといえば、サクラマスに戻りヤマメだ。利根川は群馬県の釣り場のイメージが強いが、初期は埼玉県でも釣ることが可能である。5月上旬、利根大堰でサクラマスが釣れだしたタイミングから約1週間前後で、埼玉県本庄市にある坂東大橋前後で釣果があがった話を聞く。また、群馬県玉村町付近にもよいポイントが存在する。ただしこの時期は雪代の真っただ中。幅広白銀の砲弾に出会うチャンスではあるが（大型ニジマスが釣れることも）、川が広大で底石も少なく、ポイントを絞ることが難しい。

　雪代が収まると、群馬県渋川市の坂東橋周辺に多くの本流マンが集まる。なかなかサオを振れず苦労する方も多いと思うが、坂東橋から下流に釣り下ると思いもよらぬ大ものがヒットする。坂東橋の堰より上流もよい。関越道が川を渡る利根川橋の上下は、ガンガン瀬であるが底石がしっかり入り、この底石に遡上した大型がよく付く。流れを見ていると魚が付きそうな筋がたくさんあり、大型がいれば2～3投で食ってくることが多い。テンポよく釣り歩くと出会えるチャンスが増えるだろう。

　利根川橋の上流、大正橋の先で右岸から吾妻川が合流する。そのすぐ上の堰から上流もよい。昨年（2017）46、45㎝を釣った思い出のポイントもある。このエリアは大型ニジマスも多い。またニジマスと思い込み寄せて来たらサクラマスだった、なんてこともあるので、どの魚に対しても慎重なやり取りが大切だ。

　6月も終わると利根川の水温は一気に急上昇する。魚は一転して口を使わなくなるのだが、そうなると上流の多少水温が低い沼田～月夜野エリアが面白くなってくる。サクラマスや戻りヤマメが遡上し、数年前の7月には50㎝のサクラマスを釣りあげた実績もある。

　利根漁協管内では、綾戸ダム上流にある岩本放水口付近・新鷺石橋・上牧堰堤下流などにそれぞれ実績がある。

　利根川のタックルであるが、川が広いのでなるべく長いサオを使うとよい。私はＤＡＩＷＡ遡Ｐ―6・100Ｍ・Ｖ（サオ）、フロロ1・2～1・5号（ライン）、丸セイゴ9～11号（ハリ）を使う。エサは現地採取可能なクロカワ虫がメインで時にミミズも使用する。

　利根川は遡上魚がメインターゲットで、居着きのヤマメとはポイントが多少異なる。遡上魚の休憩ポイントになりやすい長い荒瀬の一段上にできた緩やかな流れなど、一見大したポイントではなくても大型が付いていることがある。川底のちょっとした変化を見逃さず

東毛漁協管内

坂東地区の流れ

阪東漁協管内宮田橋から下流側を望む
（減水期に撮影）

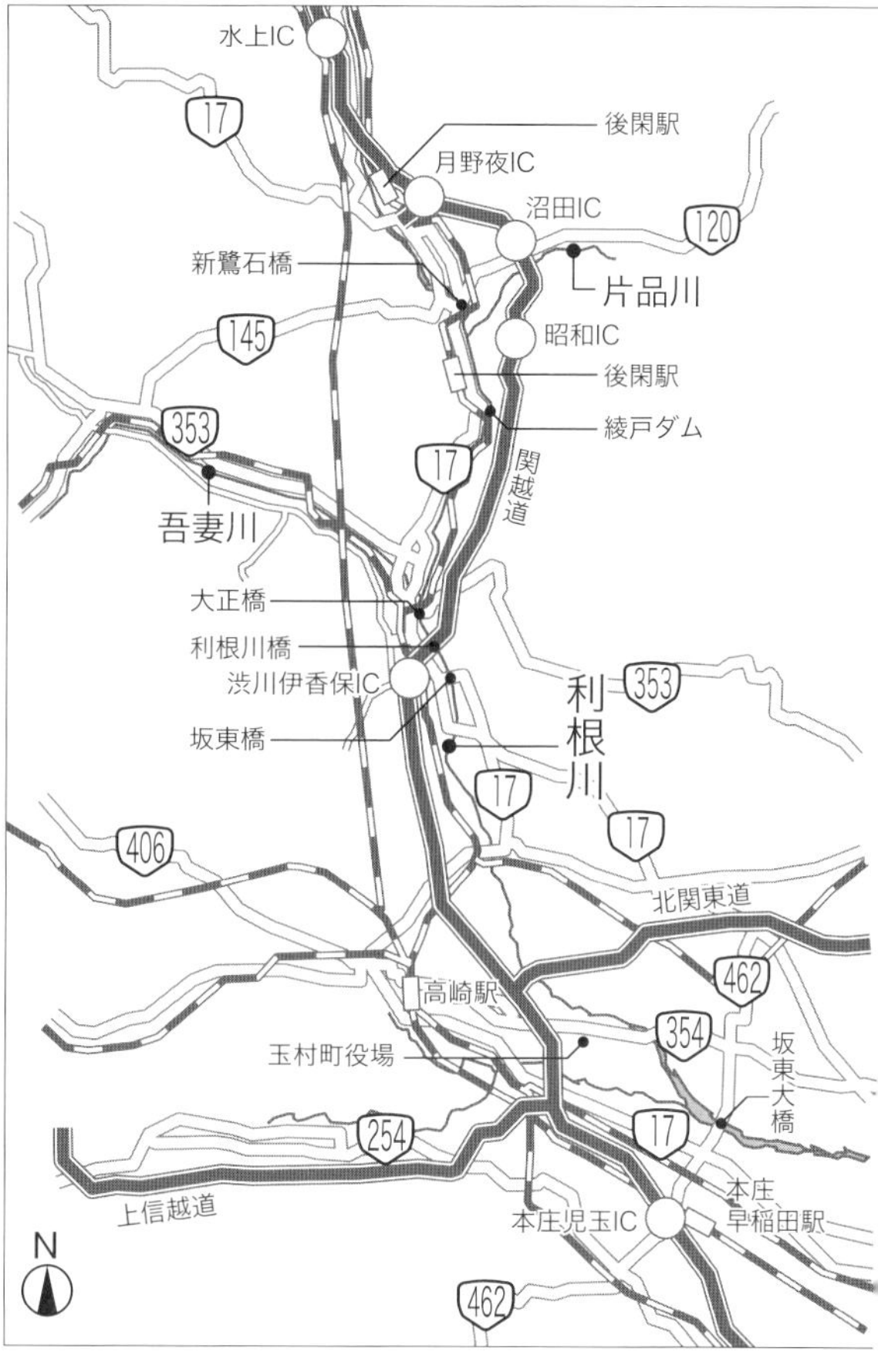

利根漁協管内綾戸ダム上流（減水期に撮影）

利根漁協管内沼田地区の渓相
（減水期に撮影）

チャンスをものにしたい。

【**参考情報**】（平成30年現在）
交通　関越道・本庄児玉～渋川伊香保IC利用／解禁期間　３月１日～９月20日／遊漁料　日釣２０００円、年券９０００円（利根漁協）。日釣１５００円、年券８０００円（群馬漁協）。日釣１５００円、年券７０００円（阪東漁協）。日釣５００円、年券４５００円（東毛漁協）／問合先　利根漁協（☎０２７８・２２・４５１６）、群馬漁協（☎０２７２・２１・６７１２）、阪東漁協（☎０２７９・２４・１３４３）、東毛漁協（☎０２７０・２６・１１４３）。

阪東漁協管内吾妻川合流点（減水期に撮影）

本流マンを虜にする利根川のヤマメ

千曲川（長野県）

臼田橋上流の渓相（写真はいずれも減水期）

日本で一番の流程を誇る千曲川（信濃川）は甲武信ヶ岳（２４７５ｍ）を水源とし、上流部は標高の高い地域を流れ、夏場でもコンディションのよいヤマメをねらえる。私はこの川では、佐久市内から上流に位置する南牧村までを釣る。下流から順に紹介したい。

臼田橋～三条大橋。臼田橋上流は瀬と淵の好ポイントが多い。臼田橋から約１㎞上流には中部電力臼田発電所の放水口がある。放水口は夏になると大型のヤマメが付く。放水口から上流は水量が減るが、ヤマメはシーズンを通してねらうことが可能だ。

三条大橋～南佐久大橋は瀬がメイン。岩盤で底石が少ないが、岩盤の溝をしっかり流すと釣果が出る。堰堤下のポイントは大型がねらえる。

南佐久大橋～下畑橋も瀬がメインだが底石が多く入る流れ。底石や川底の変化をしっかり釣るとよい。エサのクロカワ虫もたくさん採取出来る。

（※下畑橋上流に下畑堰堤があり、堰堤下は佐久漁協、堰堤上は南佐久南部漁協管轄。遊漁券が異なるので注意）

下畑橋～天神橋には高さの低い堰堤が５ヵ所ある。堰堤下はもちろんだが、上のプールが水深のあるポイントであれば、流れ込みから下流の緩やかな流れまでしっかりサオをだしてほしい。この区間はじっくり時間をかけて釣り歩くことをお勧めする。

天神橋～東馬流橋は、天神橋のすぐ上流に大石川との合流点があり、石がたくさん入っていて川の筋がいくつも出来るのでヤマメが多い。合流から上流はさらに水量が少なくなり、６～７ｍザオで充分間に合う。川の流れはほとんど瀬となる。本間川合流地点から３００ｍほど下流に２段堰堤があり、高さもあるので遡上止となる。上段の堰堤下は水深のあるプール。川筋がないためポイントを絞りきれないがじっくり釣ろう。堰堤下段の落ち込みは川筋がありねらいやすい。水深のある流れをじっくり釣るとよい。

東馬流橋上流に穂積発電所。ここは取水堰110m上流までが禁漁となる。また、このエリアより一部水量が少なく釣果もあまり期待が持てない。

南牧村の海ノ口大橋上下流エリアは、水量も多く大型のヤマメやイワナがよく釣れる。全体的に落差のないフラットな流れだが、蛇行している場所には淵などもある。比較的ポイントは分かりやすいが、河原にはアシが生えており歩きにくいのが難点。海ノ口大橋から1kmほど上流で杣添川が合流する。このすぐ上流側に大きな淵があり期待が持てるポイントだ。

上流の川上村内もよい流れが続くが、ヤマメの魚影は少なくイワナの生息域へと変わっていく。また、千曲川が濁っていて釣りにならない場合は支流の相木川でサオをだすのもよいだろう。

【参考情報】（平成30年現在）交通　中部横断自動車道・佐久臼田～八千穂高原IC利用／解禁期間　2月16日～9月30日／遊漁料　日釣1300円、年券6500円（佐久漁協）。日釣1700円、年券8400円（南佐久南部漁協）／問合先　佐久漁協（☎0267・62・0764）、南佐久南部漁協（☎0267・92・2167）。

下畑橋から上流の堰堤を望む

天神橋から下流側を望む

天神橋から上流を望む。右側奥で大石川が合流している

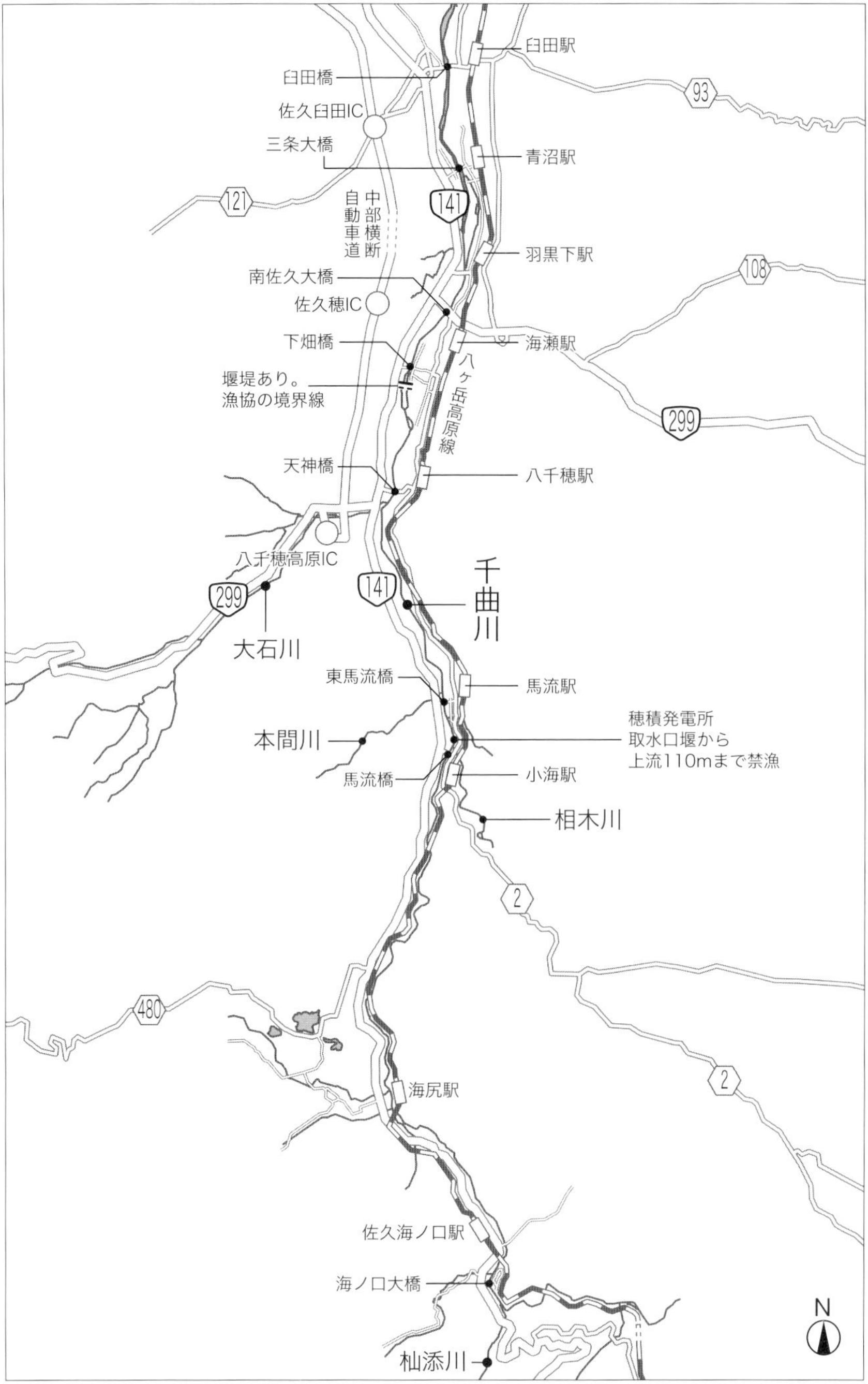
臼田駅
臼田橋
93
佐久臼田IC
三条大橋
青沼駅
121
141
中部横断自動車道
羽黒下駅
108
南佐久大橋
佐久穂IC
海瀬駅
下畑橋
堰堤あり。
漁協の境界線
八ヶ岳高原線
299
天神橋
八千穂駅
八千穂高原IC
千曲川
141
299
大石川
東馬流橋
馬流駅
穂積発電所
取水口堰から
上流110mまで禁漁
本間川
馬流橋
小海駅
相木川
2
480
2
海尻駅
佐久海ノ口駅
海ノ口大橋
杣添川
N

黒部川（富山県）

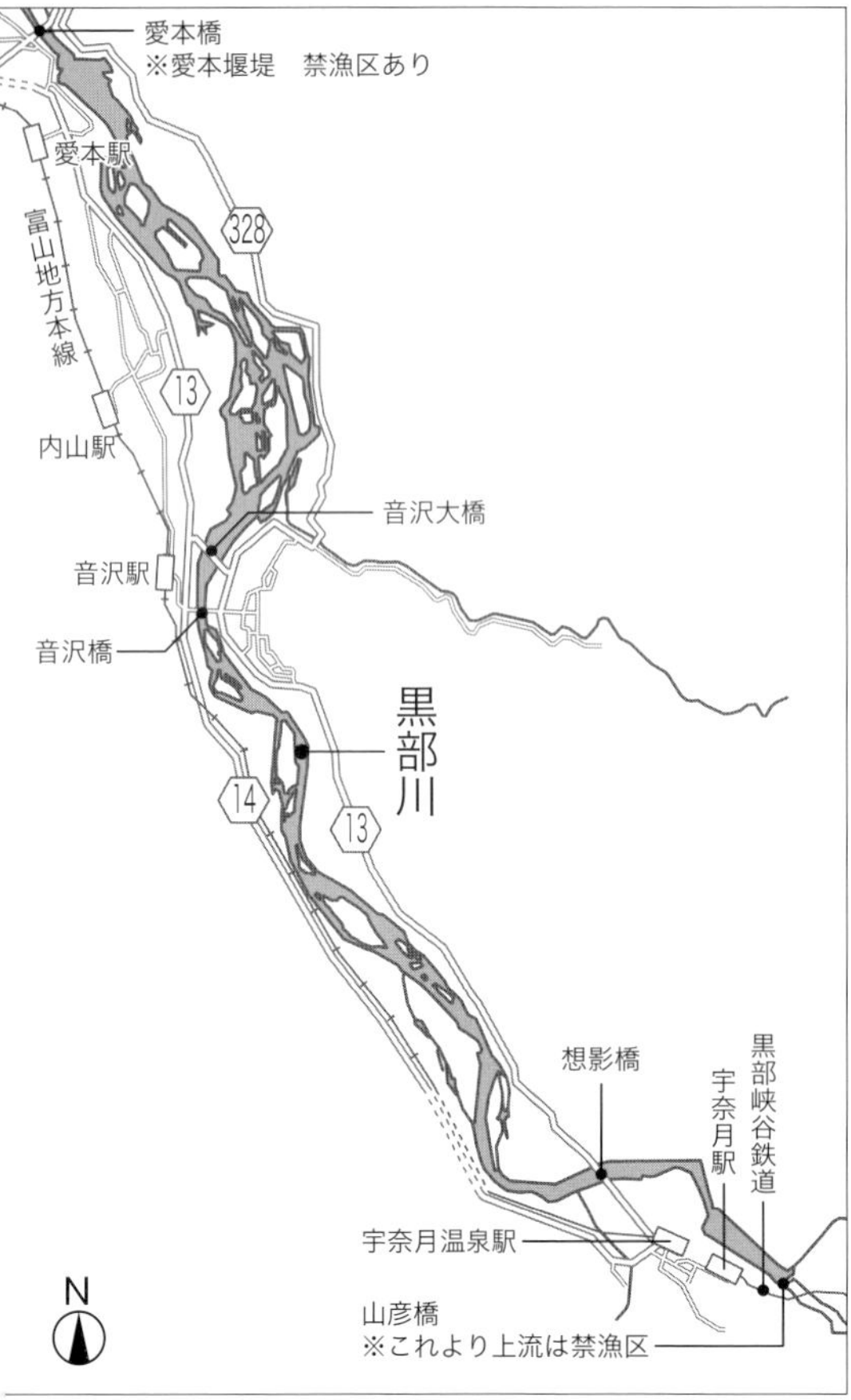

富山県東部を流れる河川は、標高の高い山々を水源に、急こう配で富山平野に流れ出る川が多い。河口部まで水温が低く渓魚には最高の条件となる。その中でも黒部川は一番の本流河川だ。

黒部川の釣り場であるが、下流部の愛本堰堤（堰堤上下流端から各２００ｍ禁漁）から、宇奈月ダム下流の山彦橋（橋より上流は禁漁）までとなる。このエリアで釣れる魚はヤマメがメインで時折イワナも混じる。大型は少ないが、過去には40㎝に迫るヤマメを釣りあげたこともある。イワナは50㎝クラスが釣れた話も聞くが、私は尺イワナしか釣ったことがない。

下流から見ていくと、愛本堰堤上流から音沢大橋は瀬がメイン。瀬はかなり長く、じっくり探ると半日は費やすだろう。河原が広く石がゴロゴロしてだだっ広いイメージである。危険な場所はほぼなく、初心者でも安心して入渓できる。ただ、河川工事のせいかあまり渓相はよろしくない。おまけに増水後は流れが変わりやすいエリアでもある。場所によっては川が分流しているので、なるべく一本の流れをねらいたい。水深のある瀬は流れの中に大きな石がいくつも入っているので、石周りを丹念にねらおう。1カ所で何尾もヤマメが釣れることがあり、場荒れさせないように素早く取り込むとよい。

音沢大橋のすぐ上に音沢橋。この橋より瀬が少なくなり、上流へ行くにしたがい水深のあるトロが多くなる。そして山が近くなり渓相もよくなる。音沢橋上流にL字にカーブするトロ、そしてそのすぐ上流にも大きなトロがある。水深のあるポイントには尺クラスのヤマメが居着く。流れ込みと流れ出しの川底に変化のある流れをしっかり探ってほしい。

2つのトロより上流は瀬がメインとなるが、落差もあり流速の速い流れが多くなる。白泡を立てて流れる瀬もその脇には緩い流れがあり、エサを待つヤマメがいる。魚影が多く、強い魚ほど流速の速い流れ寄りに付いているのでしっかりねらっていただきたい。

想影橋から山彦橋の間は、下流同様に瀬とトロの繰り返しとなる。ねらい方はどのエリアも同じだ。

黒部川でサオをだす場合、8m前後の本流ザオを用意するほか、エサとなる川虫が少ないのでキヂやブドウ虫を持参するとよい。黒部川にはサクラマスが生息するが禁漁なので注意（サクラマスシーズン中、事前申請の抽選結果により釣りをする権利のある人を除く）。このほか、黒部川は禁漁区も多く事前に漁協に問い合わせて釣りを楽しんでいただきたい。

【参考情報】（平成30年現在）
交通　北陸道黒部IC利用／解禁期間　3月1日～9月30日／遊漁料　日釣1500円、年券4000円／問合先　黒部川内水面漁協（☎0765・76・0704）。

黒部川上流部

黒部川中流部

黒部川下流部
(photo by Tsuyoshi Maruyama)

梓川、沢渡橋から５００mほど上流の渓相

梓川&奈川（長野県）

梓川

信濃川水系犀川は上流域となる松本市内で奈良井川と梓川に分かれる。梓川は槍ヶ岳を水源とし、観光地で有名な上高地を流れる。流域の奈川渡ダムには湖沼型ヤマメ（サクラマス）とアマゴ（サツキマス）が生息し、時期が来ると梓川に遡上する。タイミングは7月以降の雨による増水の引き際が期待できる。

紹介する釣り場は奈川渡ダムバックウオーターから上流。ダムの水位でバックウオーターの位置は変わるが、通常は梓湖大橋の上下流となる。梓湖大橋より上流、沢渡大橋までの区間は瀬がメインの釣り場。河川工事の影響もあり自然な流れを感じることが出来ないが、川底の変化をしっかり読んで釣ると思わぬ大ものに出くわす可能性がある。

沢渡大橋のすぐ上流には淵がある。このポイントはダムから遡上した魚が溜まりやすい。流れ込みから流れ出しまで、じっくりサオをだすことをお勧めしたい。このポイントから上流の沢渡橋までの間も瀬がメイン。水量が多い時はかなりの激流となるので、瀬の中に出来る緩流帯や石周りをしっかり釣るとよい。

沢渡橋から少し上流へ釣り上がると淵のポイントが多くなる。川底は砂地が多いが、カケアガリなどには大ものがよく付く。霞沢発電所の堰堤上下流各１１０ｍは禁漁区なので注意しよう。この堰堤から２００ｍほど下流のポイントは荒瀬を遡上してきた魚の付き場となる。流れ込み付近は比較的速い流れだが、石が入っておりその石周りに大型が付く。また流れ出し付近は緩い傾斜ながらわずかにカケアガリとなる場所がある。川底をしっかり判断してサオをだすと結果を出しやすいだろう。

霞沢発電所の堰堤は遡上止だが、魚道が付いており水量次第では上流にも遡上

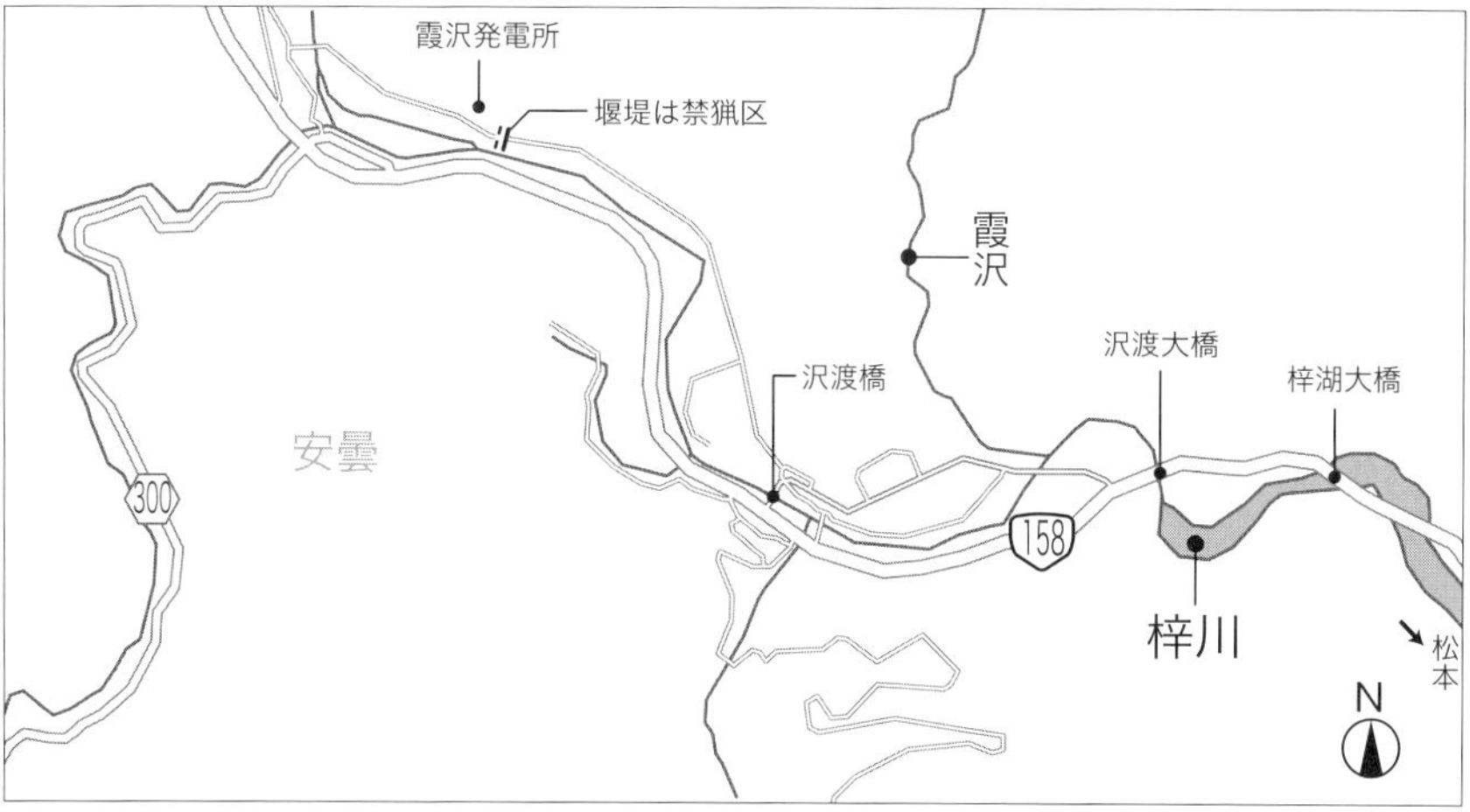

する。上流でも思わぬ大ものに出会えるチャンスもあるのでぜひチャレンジしていただきたい。また今回のエリア外だが奈川渡ダム下流域には犀川から遡上してくる大ヤマメがいるほか、超大型ブラウントラウトも潜んでいる。下流部も魅力あふれるポイントがあるので、こちらもぜひチャレンジしていただきたい。

奈川

奈川渡ダムには梓川のほかに奈川が流入する。梓川の支流だが水量豊富で、奈川にもダムから魚が遡上する。釣り場は梓川同様バックウオーターから。旅館

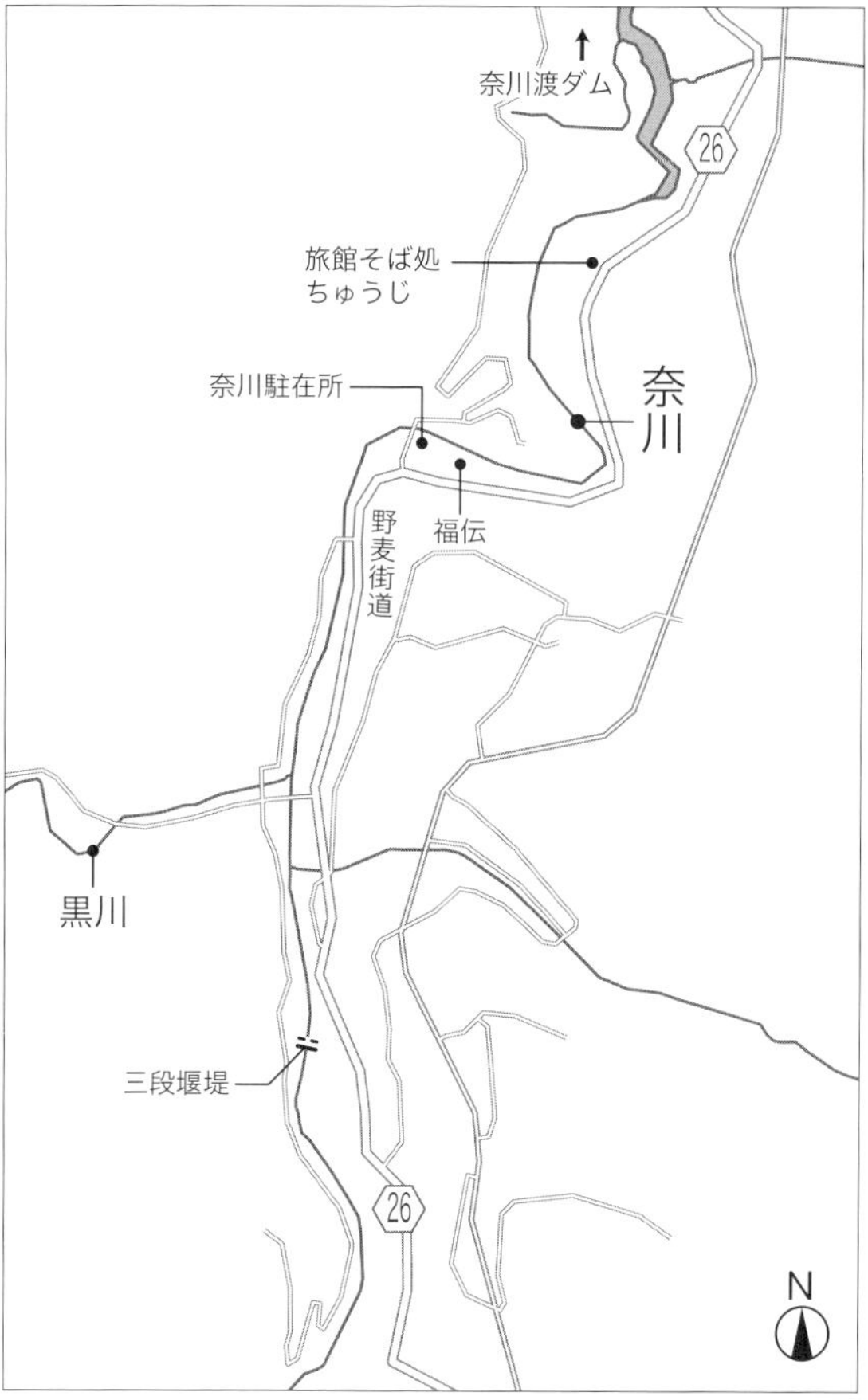

奈川渡ダムから遡上したアマゴ（梓川）

そば処ちゅうじ裏の下流付近が流れ込みとなり、そのすぐ上流からポイントが続く。淵もあるが水深はあまりないので、淵の流れ込みのちょっとした緩流帯をねらうとよい。またこの付近に堰堤が破損したようなコンクリート建造物がある。高さもなく簡単に遡上できるが、このポイントも水深があり大型が身を隠せる好ポイントとなる。

梓川、沢渡大橋上流の渓相

上流、福伝（そば屋）裏は落差のある流れで下流部が深い。頭上には樹木が張り出しサオをだしにくいが、そのおかげで大型が潜んでいることが多い。パワーのある強めの渓流ザオに短めの仕掛けで挑みたい。

さらにその上流にある小さな橋（奈川駐在所がある）下はS字の淵で、下流の落差のある流れを遡上してきた大型が休憩する。過去に何度もよい思いをした好ポイントである。この橋から約1㎞上流の黒川合流地点までは、瀬がメインだが淵もあり好ポイントが続く。川の流れを読んでしっかりアプローチしよう。

黒川合流点より上流は左岸側を釣り歩くと釣りやすい。瀬が300mほど続き3段堰堤となる。私の経験では中段、下段の落ち込みで実績があるのでじっくり粘ることをお勧めしたい。黒川にも大型が遡上する。合流点からすぐの堰堤では40㎝を超す大イワナも釣りあげたことがあるので期待が持てる。

最後に話を奈川に戻すが、3段堰堤の

奈川、駐在所裏の流れ

45㎝の大アマゴ。奈川は素晴らしいポテンシャルを秘めている

黒川合流点付近の奈川

上流にもよいポイントは続くが、1㎞も釣り上がらないうちに大きな2段堰堤が現われる。この堰堤より指定された範囲内が禁漁となるので注意が必要だ。堰堤には魚道が設置されており魚はさらに上流へ遡上するが、環境保護のため上流部の魚はそっとしてあげたいので、説明はここまでとしたい。

【参考情報】（平成30年現在）
交通　長野自動車道・松本ICを降りR158で梓湖方面へ／解禁期間　2月16日～9月30日／遊漁料　日釣1050円、年券4200円／問合先　安曇漁協（☎0263・79・2729）。

千島克也（ちしま かつや）

1974年生まれ。44歳、歳埼玉県秩父市出身。荒川銀影会会長、隠密本流愛好会所属。
春から秋はヤマメをねらい、秋以降はサケ釣り。その後、春までワカサギを追い求める。『限界釣越』をモットーに掲げ、自分へのハードルを常に高く保ち、よい魚との出会いを楽しんでいる。

尺《しゃく》ヤマメ30尾《び》を1シーズンで釣《つ》ったら見《み》えたこと

2019年2月1日発行

著　者　千島克也
発行者　山根和明
発行所　株式会社つり人社
〒101－8408　東京都千代田区神田神保町1－30－13
TEL 03－3294－0781（営業部）
TEL 03－3294－0766（編集部）

印刷・製本　図書印刷株式会社

乱丁、落丁などありましたらお取り替えいたします。

ISBN978-4-86447-329-3 C2075

つり人社ホームページ　https://tsuribito.co.jp/
つり人オンライン　https://web.tsuribito.co.jp
TSURIBITO.TV-You Tube　https://www.youtube.com/user/eTSURIBITO
釣り人道具店　http://tsuribito-dougu.com/